文楽芸談

【三味線】竹澤團七　橋寿のつぶやき

◆はじめに

なぜ文楽についてまるで素人の私が、竹澤團七師匠の本を作りたいと思ったかというと、お話が「おもしろい」からである。

「まるで三味線漫談だ！」とも称される、太棹三味線を弾きながらのおしゃべりは、笑えるという意味ではなく本当に面白い。豊富な文楽の芸談が語り口のうまさとともに、物語が立ち上がってくる。本人は口下手だとおっしゃるのだが、その味わい深い「語り」を、ただただ「残したい」と思ったのが一番の動機である。

團七師匠の語り口が、本書でどこまで再現されたかはわからない。多分できてはいない。それは三味線に乗せた「間」ではないからだ。劇場で、また文楽関連の「トークサロン」などで、師匠の「語り」を実際にお楽しみいただきたく思う。落語のオチがわかっていても名人の落語を聞けばその都度面白いように。

ＮＰＯ法人人形浄瑠璃文楽座（以下、「ＮＰＯ文楽座」と記す）が設立10周年に『文楽通信』の記念号を作られた時、團七師匠の語り口の面白さに引き込まれた。

以来、ＮＰＯ文楽座のトークサロンなどで何度となく聴いた。時折、撮影するのも忘れてうなずいていた。どうして、こんなに面白くて豊かなんだろうと考えながら、團七師匠の交友関係の広さ、芸談の奥深さに引き込まれていった。

「誰それさんの『曽根崎心中』はすごくよかった。同じ時代に生きて、観られてよかった」というような話を聞く。批評にも、この舞台は「誰それの代表作となるだろう」というような記事が出る。しかし、あらゆる芸能がそうだろうと思うが、普段の、そして文字通り「不断」の、さまざまな事柄が文楽を支えている。

「五十、六十、鼻垂れ小僧」と言われるぐらいに文楽の修行は長い。

正月大阪・二月東京・四月大阪・五月東京・七月・八月大阪・九月東京・十一月大阪・十二月東京と本公演だけでも、東西交互に続く。そしてその合間には地方や海外公演があり、さまざまな場所での「文楽アピール公演」が挟まる。

また、若手や個人での会があり、若手の中には東南アジアまでワークショップに出かける人たちがある。かくいう私も、タイ・マレーシア・ベトナムまで付いていったことがある。

各地それぞれの人形劇は興味深かったが、私は逆に単なる人形劇ではない「文楽」の完成度の高さと繊細さ、迫力や構成力などを再認識して帰ってきた。

技芸員の方々は、ほぼ毎日、舞台を勤め、空いた時間は稽古に励んでいらっしゃる。重要な賞を授けられた実力者や、人間国宝の方もいらっしゃる。でも、お話しすると、みなさんほんとに気さくな方で、色々な話を本当に気軽に聞かせていただく。

この本も、最初はこちらが黙っていても、どんどん喋っていただけるから、こちらは記録するだけでいいだろうと安易に構えていた。

ところが、芸談はすごいし、とんでもなく交友録が幅広い。ただ、こちらがすごいと思う事柄が、團七師匠にとっては当たり前のようなことで、さらっとおっしゃる。

江戸時代から続いてきた文楽の歴史もすべて体の中に叩き込まれているようだし、何百もある演目も全ての物語が頭の中のライブラリーにあるようだった。

素人からすればとてつもなく「すごい」ことが、なんでもないように身体の中に入っているという感じだった。文楽の方にとって「当たり前」のことのすごさに、まずびっくりしてしまった。そこから3年ほどの間に6回ほどの取材の時間を取らせていただいた。

師匠にすれば「なんだ、そんなこと当たり前で、びっくりするほどのことはないでしょ」と言われると思う。ところが、そのさらっと話される内容のすごさは、咀嚼すればするほど、「一大事」として私を打ち負かした。毎回の取材ごとに、宝の山を見つけたように感じ入り、早く帰って文字にしたくてしょうがなかった。

もっと時間をかけて、もっとじっくり内容を深めるお話を聞くことができればよかったと思う。文楽に関する識者であれば、もっと高度な芸談が引き出せ、阿吽の呼吸で秘話を引き出せたのかもしれない。文楽の専門家でもなければ学者でもない素人の私が取り組むべきものではなかったのかもしれない。ただ、そういう方だと「専門家」的、あるいは「通」的に、文楽が閉じてしまうのかもしれない。そこが文楽の少し悩みの種でもあるとも思う。昔、どこかの市長が「文楽は敷居が高い」といったように、そういう既成概念で終わってしまう。

文楽はもっと身近なもので楽しいものだと思う。そして、さまざまな日本の伝統芸能や物語と繋がっている。その根はどこまでも伸びていて、いまだに生きて水を吸い上げている。それが証拠に、文楽や三味線の話をされる時の團七師匠のお顔を拝見していると、楽しくて仕方がないようだ。

素人だからこそ、三味線の「四の糸」（P49参照）を探っていたのかもしれない。しかし、師匠はきっちりと太棹の「音」を響かせてくださった。「どうだい、楽しいだろう」と、思う存分のテクニックを披露してくださった。伝わってなければ、私が悪いのだ。

文楽は「義太夫語り・三味線・人形遣い」の三業が絶妙のバランスで成り立っている。人形の可愛らしさや美しさ、義太夫の情感たっぷりの語りと迫力、世界にも稀なる太棹三味線のグルーブ感と表現力、さまざまに興味のあるところから愛していただけたらと思う。

竹澤團七師匠には多大な感謝を申し上げるとともに、素人の暴挙にお付き合いいただき、に誠に申し訳ございませんでしたと陳謝したい。取材の手配から校閲まで多大な協力をいただいた奥様、ならびにＮＰＯ文楽座の峯田悦子事務局長にも御礼を申し上げる。毎年の『文楽通信』ほか、さまざまな形でお世話になった。團七師匠はもとより、文楽技芸員の皆様方にも今後ともよろしくお願い申し上げる次第である。また本づくりに際し、素人の私を導いてくださった東方出版の今東成人会長・稲川博久社長にもただただ感謝を申し上げる次第である。

２０１９年８月８日

荒木雪破

【目次】

◆文楽芸談【三味線　竹澤團七】橋寿のつぶやき

傀儡から文楽までのあゆみ

「人形操り＝傀儡《くぐつ》」は古代の中国で発祥したといわれる。日本の平安時代に当たる宋の時代までに8種類ぐらいの人形操りの技法がすでに誕生していた。

①杖頭《じょうとう》傀儡（細い棒が頭の下についている人形。文楽人形もこの一種）
②懸糸《けんし》傀儡（糸あやつり人形。世界各地に残る）
③薬発《やくはつ》傀儡（火薬を使用する人形。詳細は不明）
④水《みず》傀儡（水中での操り人形。ベトナムの水中人形などに残る）
⑤機関《きかん》傀儡（機械のからくり人形。日本では「お茶汲み人形」など）
⑥肉《にく》傀儡（子供を人形に見立てて操るもの）
⑦布袋《ほてい》傀儡（指を袋の中にいれる人形。世界各地に残る）
⑧皮影《ひえい》傀儡（影絵芝居。ジャワやインドネシアなどの「ワヤン・クリ」などに残る）

直接中国大陸からなのか朝鮮半島経由なのかはわからないが、奈良朝には「傀儡」は日本に伝わり、神社での神楽や人寄せ芸として人気を博した。

「肉傀儡」とは字面を見ればおどろおどろしいが、歌舞伎や日本舞踊の「人形振り」に残っていると考えれば良い。人形の動きの面白さを人間が真似る。ここにも人形の面白さが現れている。「モノ」に魂が宿る不思議さゆえに人形は愛されて来たのだと言える。アンドロイドのロボットが人間そっくりだと不思議がられる様に人形の動きは人々を魅了してきた。

平安時代後期の漢詩文集『本朝文枠《ほんちょうもんずい》』によると、傀儡の記述は奈良時代に遡る。村上帝の『散楽策問《さんがくさくもん》』(965年)に「傀儡其の秘術を聞かんと欲し」とある。このころの人形は「杖頭傀儡」である棒の先に「かしら」がついた物だと思われる。東北地方には男女二体の「おしら神」と呼ばれる人形を両手に持ち、「本地」を唱えて村々を回る巫女も現れていた。信仰行事と芸能との境目はあいまいだが、その時代から人々に愛されていたことがわかる。後には『枕草子』にも「心ちよげなるもの」にある「くぐつのこととり」という人形一座の座頭のことが出てくる。

他にも藤原資房《ふじわらのすけふさ》の日記である『春記《しゅんき》』(1040年)に「傀儡子来リ歌ヒ遊ブ甚ダ興アリ」とあり、『今昔物語』(1077年)にも「諸の遊女傀儡の歌女」とか「傀儡子ノ者共多ク館ニ来テ」と集団であったことがわかる記載もある。

さらにこの時代のことが詳細にわかるのは大江匡房の『傀儡子記《かいらいしき》』(1142年)である。「傀儡を行うものは定住せず、男は弓矢で狩をし、木人形を舞わし、桃梗(百鬼を追い払う桃を人形のように彫ったもの)を闘わせてみせた。」というように書かれている。女性は化粧をし、淫らな歌も歌って色気のある接遇をしたともいう。

室町時代の初頭には西宮神社に仕えていた傀儡子の「百太夫」が淡路島へと渡り、蛭子《ひるこ》命の霊を慰めるための「神事舞」を確立する。やがて、えびす信仰に伴った「えびすかき（夷舁き・夷回し）」として主に西宮神社から、歳時記的な神楽の「門付け芸」として日本各地に広まって行った。

一方、室町時代中期（15世紀）からあった仏教説話の『浄瑠璃十二段草子』は、『浄瑠璃姫物語』（作者は小野於通《おつう》との説もあるが物語成立の方が早いとされる）として知られるようになり、牛若丸と浄瑠璃姫の恋物語が琵琶法師によって扇拍子で演奏され、人気演目となっていった。その節が「浄瑠璃節」と呼ばれ、やがてその節で語られる他の詞章も「浄瑠璃」と呼ばれるようになった。

16世紀の中頃（永禄年間）には琉球から「三絃」が伝わり、澤住検校《さわずみけんぎょう》が「三味線」へと改良すると、多彩な音色を得て、伴奏楽器としての表現が飛躍的に広がっていく。

三味線を得た「浄瑠璃節」は、京都の四条河原などで人気を博し、「宇治加賀掾《うじかがのじょう》」などが有名であった。加賀掾の興行主「竹屋庄兵衛」は操り人形芝居の一座を組織し、西日本を旅した。この時代は「古浄瑠璃」と呼ばれ、人形も一人遣いである。その中には大坂天王寺村出身の清水五郎兵衛もいた。彼は延宝8（1680）年に「竹本義太夫」と改名する。竹屋庄兵衛との「義」を大事にして「竹の本にある義（太夫）」と名乗ったのである。

あるとき、西国を巡業する義太夫が厳島神社の弁財天から神託を受け、1684（貞享元年）年、大阪道頓堀に「竹本座」を開場する。加賀掾らの古浄瑠璃に対抗した「新浄瑠璃＝義太夫節」として新しく確立していった。

竹本義太夫は「竹本座」の座付作者近松門左衛門とともに『世継曽我《よつぎそが》』『出世景清《しゅっせかげきよ》』などの革命的な人気作品を次々と繰り出し、人気を博して行った。竹本座に近い現在の「戎橋」は、当時延宝8（1680）年発行の古地図には「操り橋」と記されている。

その竹本座で、三味線を弾いていたのが「義太夫三味線の始祖」と呼ばれる「竹澤権右衛門《たけざわごんえもん》」である。元禄16（1703）年には義太夫の弟子であった竹本采女が道頓堀の東側に「豊竹若太夫」と名前を改めて「豊竹座」を始める。

人形遣いとしては元禄16（1703）年『曽根崎心中《そねざきしんじゅう》』の初演時に、「お初」を初めて出遣いで演じた女形遣いの名手辰松八郎兵衛《たつまつはちろべえ》などがいた。また、「三人遣い」となったのは享保19（1734）年に『芦屋道満大内鑑《あしやどうまんおおうちかがみ》』が初演されたとき、「与勘平《よかんぺい》」の人形に初めて用いられた。人形を遣ったのは「吉田文三郎」とされる。同時に舞台上の人数が多くなる煩雑さを隠すために「黒衣《くろこ》」も考案されていく。

大坂道頓堀において、現在の文楽に続く「三業」一体が確立し、人形浄瑠璃はさらに娯楽性を高め、総合舞台芸術として確立したのである。

幕末になって淡路島出身の植村文楽軒が大坂日本橋に近い高津橋南詰に稽古場を設置し、文化2（1805）年には人形芝居の「文楽座」を開設し、興行を始めていく。

明治期には松島新地に移り、名興行主といわれた四世の植村文楽軒（二世の子）は官許を得て「官許人形浄瑠璃文楽座」と命名する。ここでは三味線の豊澤團平が活躍し、「三味線は心でもって手で弾くな」と名言を残している。

やがて市内各所に、団平が独立移籍した「彦六座」など対抗する小屋が増えると、御霊神社の境内に「御霊文楽座」として移転。

以後、この「文楽座」が全盛となり、他を圧して行った。それ以来、人形浄瑠璃芝居は〝文楽〟と呼ばれ、現在に至っている。

●「文楽座」から「文楽協会」へ

その後、道頓堀には多くの芝居小屋が並んだが、京都出身の白井松次郎と大谷竹次郎の双子の兄弟が経営する「松竹合名会社」が瞬く間に席巻していった。当時は「植村文楽軒六世」の時代だったが、明治42（1909）年に文楽座の興行権は「松竹合名会社」に移る。文楽座には太夫が38人、三味線弾きが51人、人形遣いが24人という規模だった。大正15（1926）年11月に御霊文楽座から出火。一時的に道頓堀の弁天座で興行を行った。

昭和5（1930）年には外観が洋風建築の「四ツ橋文楽座」（客席は約850席）ができたのだが、第二次世界大戦の「大阪大空襲」で被災。

戦後すぐには座員が3分の1に減った。人形や衣裳も焼失し、「床本」など貴重な資料までもが焼けてしまった。以後、1970年代の半ばまで文楽の苦難の時代が始まる。

ただ、座員たちは昭和の黄金期ともいえる名人揃いであった。太夫では豊竹古靭太夫、のちに秩父宮家から「山城少掾」の名前を受領する。義太夫では、この山城少掾門下の系列が、現在もつづく文楽太夫の大きな流れとなっている。

昭和23（1948）年、文楽座に労働組合が発足する。やがてそれは「三和会《みつわかい》」となり、一方の山城少掾を中心とした非組合派の「因会《ちなみかい》」と対立し、昭和24（1949）年、二つの組織は別々に公演することとなった。

組織は二つになったものの当時は、三味線に鶴澤綱造、鶴澤寛治郎、鶴澤清六、野澤喜左衛門、人形には吉田文五郎、文三、桐竹紋十郎など、錚々たる名人が活躍する黄金期であった。

朝鮮戦争の終わった昭和30（1955）年、日本は大不況となっていくのだが、「人間国宝（重要

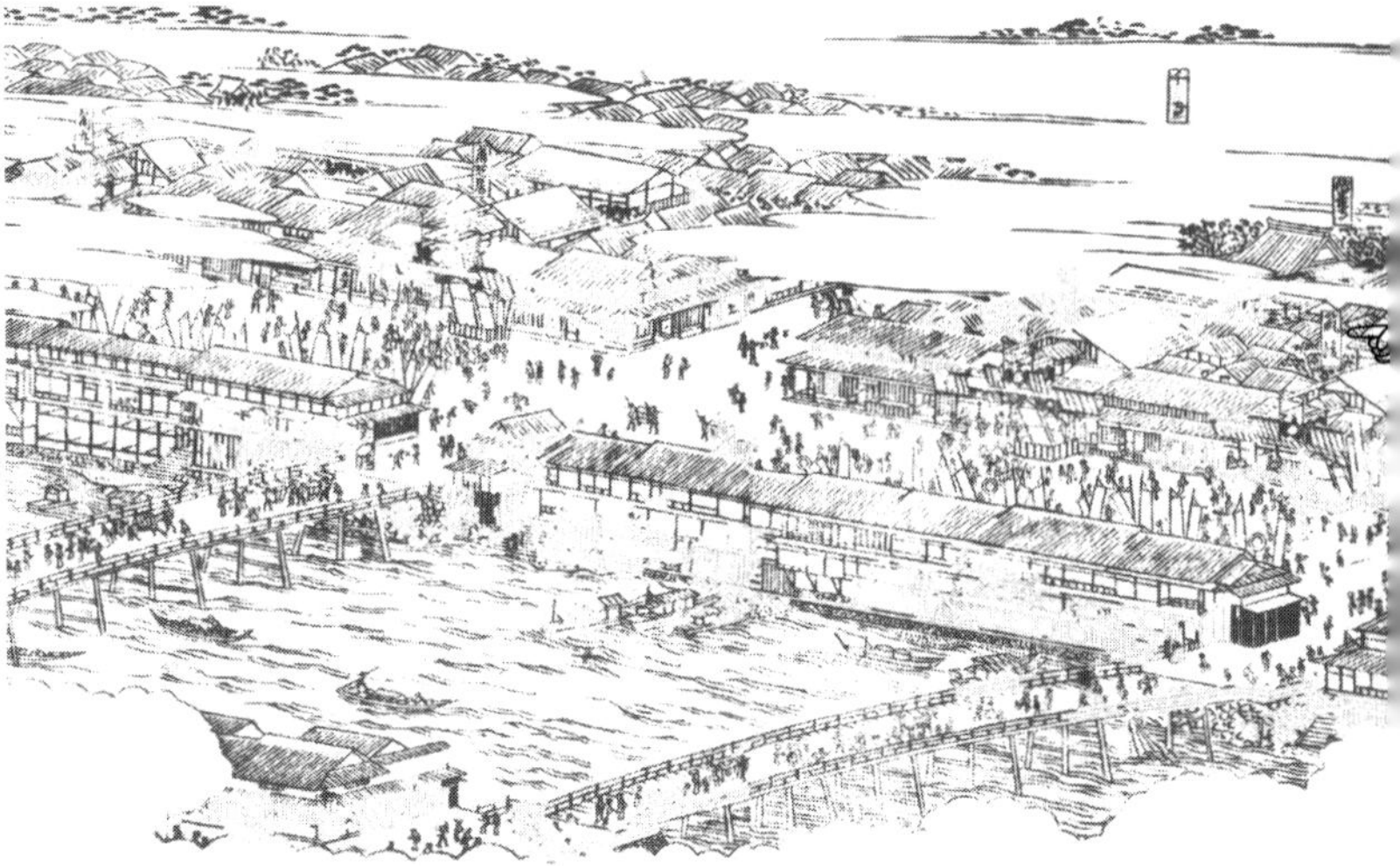

芝居小屋が並ぶ江戸時代（1700 年代末）の道頓堀。画面左の橋は太左衛門橋、右は戎橋。右端中央に「筑後」とあるあたりに「竹本座」はあった。（「摂津名所図会」より）

無形文化財保持者）」の制度が発足し、同じく「人形浄瑠璃文楽」も国の重要文化財として指定されている。

昭和31（1956）年には道頓堀にある松竹経営の文楽座（のちの朝日座）に移る。その場所はもともと江戸時代に竹本義太夫のライバルであった初代豊竹若太夫の「豊竹座」があった場所であり、「道頓堀文楽座」と称された。

今も石碑があるが「竹本座」は道頓堀の西側、「豊竹座」は東側に位置するゆえに、竹本義太夫を祖とする重厚で本格派の義太夫を「西風」、豊竹若大夫を祖とする華やかで情を強く打ち出した義太夫を「東風」と呼んでいる。

不況の中、危機感を覚えた若手の意向もあって、昭和38（1963）年には「政府・大阪府・

大阪市・ＮＨＫ」などが基金を出し合い「財団法人文楽協会」が設立された。非組合派で松竹と一体であった因会も、ゴタゴタを水に流して合流し、「文楽」として一つにまとまったのである。

「文楽協会」はここに「太夫21人、三味線23人、人形23人」で新たに出発したのであった。

さらに昭和41（１９６６）年、東京に国立劇場が完成。また、昭和59（１９８４）年4月には、大阪の日本橋に国立文楽劇場が完成した。立地の場所は元高津小学校の跡地であり、小学校が移転して行った先は、植村文楽軒が最初に浄瑠璃の稽古場を作った高津橋のすぐ近くなのも何かの因縁である。

文楽芸談

【第1章】少年時代

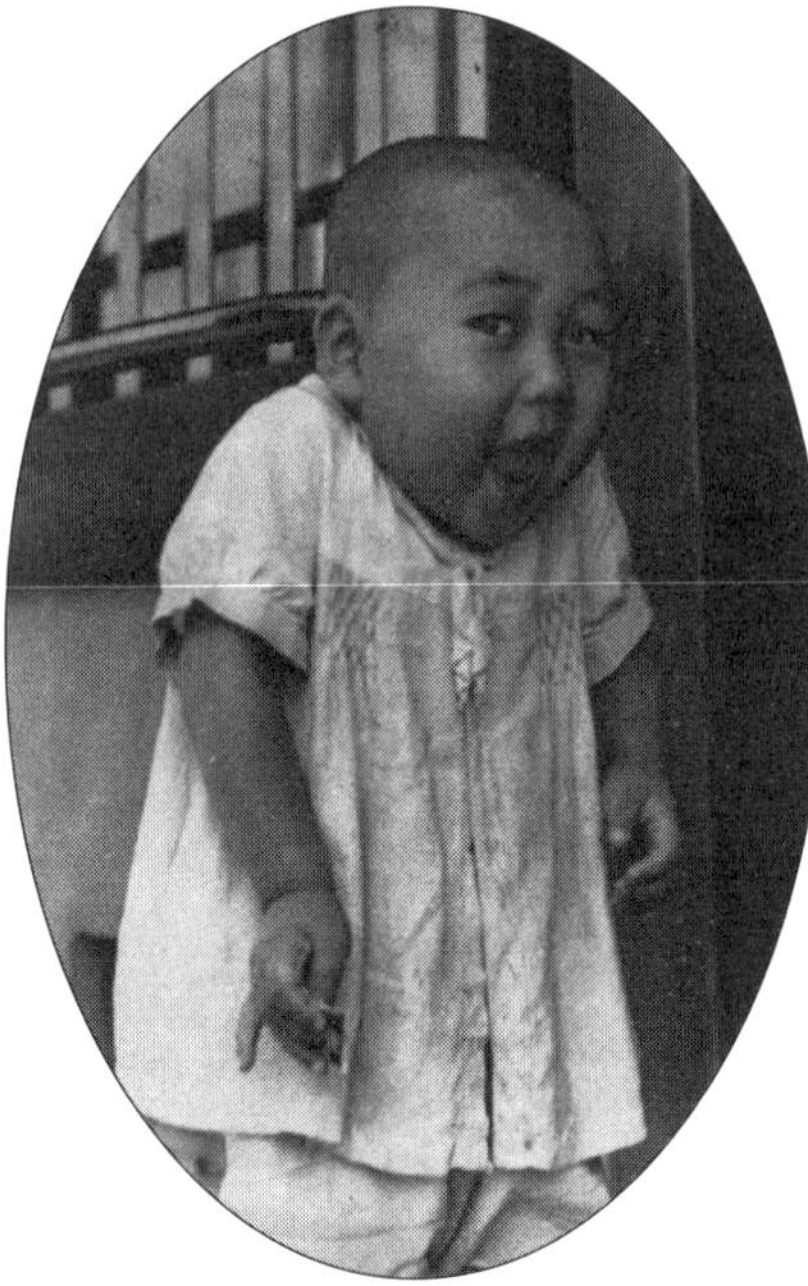

●幼少のころから耳馴染んでいた文楽

私が生まれましたのは昭和10（1935）年です。12月8日に生まれました。

のちに昭和16（1941）年に日本軍が真珠湾を攻撃した日と同じなんです。

だから私は戦争が大嫌いなんです。のちに詳しく述べますが「9条の会」にも入っております。

生まれたのは名古屋市内で、大きな築山のある家でした。戦争が激しくなり疎開した所が愛知県愛知郡天白村でした。小学校の3年生の時です。その頃の思い出は、家の前に神社があって、山があって、川があって、川で泥鰌を採って食べていた。そういう自然豊かなのどかなところなんです。

本当にちっちゃい頃、私が3歳か、4歳の頃、私の3つ上の姉が踊りのお稽古に行くんですよ。名古屋の西川シズさんていう偉いお師匠さんのところへ。お稽古に行くのにしょっちゅう付いて行っていた。どっか、覚えちゃっているんですね。姉がお稽古している曲をね。なんとかの「道成寺物」を覚えている〜 〽タンタカタンタン、タンタララン。その頃の方が記憶力がいいのか、幼少の頃のね、義経じゃないけど…フフフ。

私は子どもの頃から文楽というものを知っていました。それというのも私の母親が娘時代に義太夫をやっていたそうなんです。父親も土佐出身で、これも義太夫好きで、しょっちゅう唸っていたらしいんです。

それに輪をかけて母親の姉である伯母が、大の文楽ファンだった。うちに来ると文楽の話ばかりしていたんです。ですから耳年増として知っていたんですが、実際には見たことがなかった。

初めて文楽を見たのは終戦後も2年経ってからの昭和22（１９４７）年。名古屋の中京劇場でした。同じくその年に初めて見たのがプロ野球でしたね。中日ドラゴンズと金星スターズの試合。その時に金星スターズのピッチャーが、あの伝説のヴィクトル・スタルヒン＊投手だったんです。こんな話をすると、いったい幾つなんだと思われますが、本当に見たんです（笑）。

その頃はまだテレビがなくて、娯楽といえばラジオが中心でした。文楽というか、ラジ

＊ヴィクトル・スタルヒン
（１９１６〜１９５７）
ロシア帝国生まれ。１９１７年のロシア革命で亡命し、旧制中学から北海道育ちのプロ野球投手。沢村栄治などと並ぶプロ野球黎明期の名投手。

オから流れて来る義太夫が本当に楽しみでしたね。歌舞伎の中継なんかもありました。

戦争のさなかに育ちました。私の体験で一番、戦争って悲惨だなと思ったのは終戦になる小学校4年生の春でした。

私が名古屋から疎開していました田舎の山に、高射砲陣地がありましてね。そこを守る兵隊さんと仲良しになってよく遊びに行ってたんです。その高射砲から、アメリカの敵機が来たらバンバン撃ってました。その高射砲の破片が降って来て、頭に当たって即死した人を見ています。あるとき高射砲が見事にB29*を撃ち落としたんです。

友だちやら、みんなで山の中腹まで見に行きました。その乗組員だった人たちの身体がバラバラになって落ちているんですね。そこで私が通ろうとした道に手首が落ちていて、若い学生風の人が「このアメ公が！」って蹴っ飛ばしたんです。そしたらその連れの学生風の人が「おい、死んじゃえば敵も味方もないんだ。おなじ仏さんだ。そんなことをするな」。

私、子供心に、その人のいう通りだなと思ったんですよ。その瞬間、背広を着た三人ほどのおじさんが来て、その学生風の人を羽交い締めにして連れて行ってしまいました。「あの人どうなったんだろう。あのお兄さん、どうなったんだろう」と思っていました。後日、大人に聞くと「スパイだとか反逆者だとか非国民だ」とか言われたら多分生きていないだろうと。その時に本当に戦争って悲惨だなと。いまだに思い出すことがあります。

＊B29　第2次世界大戦中、アメリカが誇った戦略爆撃機。グアムなどから日本本土へ空襲爆撃に飛来した。東京・大阪・名古屋など大都市の被害は甚大なものとなった。日本経済新聞の統計では空襲で被害を受けた合計人数は33万人。負傷者は43万人とされる（2011年調査）

●終戦

そうこうして戦争が終わりましたのが、小学校4年生の夏でした。

先ほども言いましたが、田舎の学校に通ってた。終戦直後、先生は「君はこんな田舎の学校にいるべきではない」というんですね。それというのも戦争で生徒が少なくなったので、名古屋市内の愛知青年師範学校の附属小学校で生徒募集していたんです。そこで応募しに行ったら、試験に受かっちゃって、小学校の4年生の後半から行くことになった。通学に1時間半から2時間近くかかる。山を一つ越えて、市電を2回乗り継いでね。大抵デッキにぶら下がっている（笑）。

師範学校の中学校に上がった頃には学芸大学附属という名前に変わりました。クラブ活動みたいなことをやっているともう5時かなんかです。その学校から帰って、山を越えて、市電は途中までしかないですから、あとは山を越えていかなくちゃならない。暗闇せまる中をトボトボ歩いて帰る。その頃、米軍のジープにはねられてもほっぽらかしなんですよね。誰にも文句言えなかった時代。

私が一人で帰っていたら、ジープがびゃっーって寄ってきて、大きなジープなんです。私の横へぎゅっと止まったんですよ。止まったと思ったら三人ほど兵隊が乗っていた。「カモン、ボーイ！　カモン、ボーイ！」って私を呼ぶんです。「あぁ、呼んでいるなぁ、いかなきゃ怖いかなぁ」なんて恐る恐る行ったらね、「ハンズ、ハンズ！」って、手を出せって言うんですよ。で、こう、手を出したら、この手の上に、こ～んな大きなチョコレートをポンと置いて、「バイッ！」って、さぁ～と行っちゃんたんですよ。

私、しばらく呆然としていた。そのチョコレートを見てね、ついこの間まで、いつ殺されるだろうと思っていた戦争って、一体何だったんだろうって。

そう「ハーシー」*のチョコレート。家に帰ってみんなで不思議そうに食べました。いまだに覚えているんです。

そうだ、あの時の、玉音放送があった時の母親の話をしていませんね。

玉音放送の時に父親が「起立！」っていうんですよ。放送聞いてもさっぱりわかんないでしょ。それで「お父ちゃん、なんて言ったの？ なんなの？」って聞いたら、父親が肩を落として、「戦争に負けたんだ、戦争は、もう負けなんだ。」肩をがっくりと落としていた。

そして母親の方を見たら、母親は、へなへなと座り込んで、すごく嬉しそうな顔をしているんです。嬉しそうな顔をして「終わったねぇ、終わったねぇ」と。ものすごく安堵の顔をしているんですね、母親は。それは私にとっては戦争に負けたのに、なんでそんな安心した顔ができるんだろうって、不思議だったんです。

いま、母親の気持ちを察すると、「これで、私の大事な子供も、殺されることないだろう」

＊ハーシー
(Hershey's)
ザ・ハーシー・カンパニーはアメリカで有数のチョコレートメーカー。ペンシルベニア州のハーシーで作られている。アメリカ軍用のチョコレートを製造し、日本に駐留した米兵たちが、日本の子供たちに配った。

と。で、「子供も、人殺しに行くことはないだろう。もう、無くなったんだ。戦争終わったんだわ」と。そういう安堵のね。

その母親が安堵の気持ちを持ったそれが、現実のものになったのが「憲法9条」ですよ。この「9条」のおかげで、この70数年間、みんな平和で暮らしてきたんです。それが母親の一番の思い出ですね。

のちに吉田文雀の妻となる三歳上の姉と小学校へ入る頃。

それからね、私、カラオケに行くとよく歌う曲がある。そのころ、何も食べ物がない、お百姓さんにいくらお金持って行ったって、都会人には食料を売ってくれない。じゃがいもなんかを蒸したものを、食べてたかな。

そしたら、母親がね、私の肩を抱いて、「あぁ、子供だけには満足に食べさせてやりたいなぁ」っていいながらね、涙をぽろぽろっとこぼしてね。そして、その涙を払いのけるように途端に歌を歌い出したんです。「泣いちゃぁ～いけない、笑顔をみせてぇ～」って歌ったんですね。それしか聞いていない。他になんか悲しいことがあった時に、もう、2、3回聞いたんですよ。「泣いちゃぁ～いけない、笑顔をみせて」って。その歌、どんな歌か知らなかったんです。

それがやっとわかったのは、10年ぐらい前でした。レコード屋でなんかいいものないかなど見ていたら、「田端義夫大全集」っていうのがあってね。バタやん＊（田端義夫《たばたよしお》）、小さい時から『かえり舟』ばっかり聞かされてきたから、バタやんのファンなんですけど、バタやんの全集の中にね、『旅のつばくろ』（作詞／清水みのる　作曲／倉若晴生）っていうのがあって、これ聞いてみよう、バタやんの持ち歌じゃないけど。そしたら、母親が歌っていた、その歌だった。

昭和14（1939）年に出した小林千代子の歌でね。で、作詞はバタやんの〝船もの〟をよく書いていた「清水みのる」、そして作曲が「倉若晴生」。バタやんがデビューのために練習に通っていた頃にレコーディングしていた。彼はいい歌だなぁ、歌ってみたいなぁと思ってたそうです。

母親は若い頃、娘義太夫の地方巡業で『旅のつばくろ』そのままの経験をしたそうなん

＊バタやん（1919～2013）三重県松阪市生まれ。演歌歌手。田端ゆえ愛称が「バタやん」となった。ギターを水平に持って歌うスタイルが独特で、マドロス（船乗り）歌謡といわれ人気となった。

です。

●戦時下の文楽

その戦争のさなか、「文楽はどうしていたんだろう?」と思って、後になって先輩方に聞いたことがあります。

やっぱり軍部の圧力があって、心中の芝居なんかできなかった。それで「新作」をやらされたそうなんです。

『三勇士名誉肉弾《さんゆうしほまれのにくだん》』*なんていうすごいタイトルの芝居なんです。爆弾を三人で担いで走って戦車に飛び込むというお話。完全に「自爆テロ」ですよね。そんな新作の芝居をどうやって演っていたんでしょうね。

当時、私の師匠の竹澤彌七は、菊池寛の『恩讐の彼方』なんていう芝居の作曲をさせられたそうです。物語は九州大分県の「青の洞門」という通行の難所。ここを穴を掘って通行ができるようにしたというお坊さんの話なんです。そこで岩を掘るノミとツチの音が「トン・テン・カン」というのを三味線で表現しようと思ったそうです。そこで三味線の「メリヤス」を作りました。文楽でいう「メリヤス」というのは三味線だけの曲です。あとで詳しく説明しましょう。(第6章・三味線のこと参照)

---

*三勇士名誉肉弾
1932年、第一次上海事変中に爆弾を抱えて敵陣を突破した3人の兵士の勇気を讃えた物語。戦意高揚のためさまざまな『爆弾三勇士』物が作られた。

伸び縮みするように〈循環コード〉のようなものを弾きます。それをなぜか京都の円山公園のベンチで考えていたそうなんです。三味線譜（右図）のようにわからない印が付いています。それが赤い色でついている。ああしよう、こうしようと一生懸命書いていたら、警察官が来て不審者と思われ、署に連行されちゃったそうです。持っていたノートを突きつけられて「これは何の暗号だ！　白状しろ」と。スパイだと思われて留置所に一晩お世話になったそうです。戦争中とはいえ、嫌ですね。

文雀兄《にい》さん（私の義兄）に聞いた話ですが、「空襲の前夜も文楽の舞台を勤めて居た」と

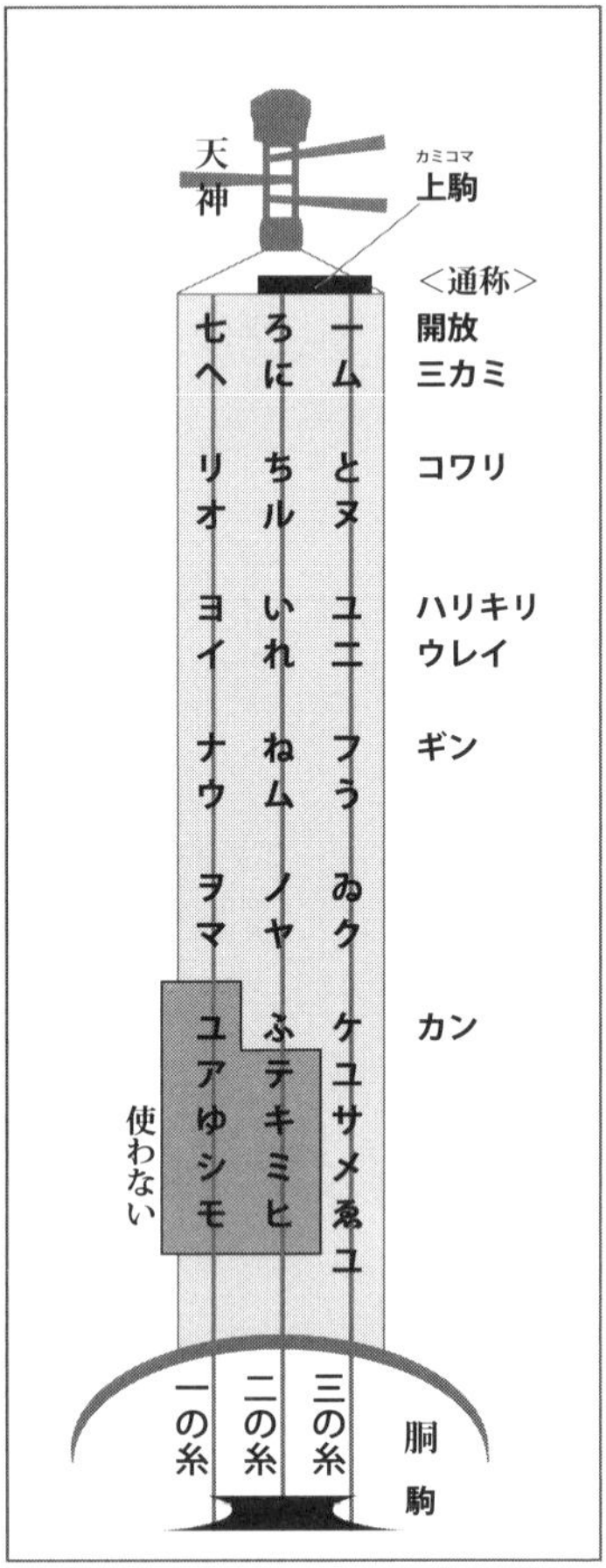

のことです。ついでに言いますと、私が入門したての頃、師匠から、「私（彌七師匠）と同格そしてそれ以上の先輩方は『何々お師匠はん』と呼べ。それから私（師匠）より後輩でお前までの間の人を『兄《にい》さん』と呼べ。実際の年齢は関係なくてね」と、文楽ではそうなっているんだと教えられました。

例えば、春子太夫*さんなんかは、私の師匠よりはるかに歳が上でしたが、師匠のことを「兄さん」と呼んでいらした。なぜかというと春子太夫は素人の時代が長くて、歳がいってから入門された。だからそう呼ばれていた。後輩だったら「何々くん」なんですけどね。呼び捨てはないですねぇ。まぁ、大師匠から團二郎時代は「おいっ、團二郎」とか呼ばれてましたけど團七になってからはないですねぇ。

話を戻しますと、その当時の先輩方はやはりすごい。でも、その年昭和20（1945）年3月13〜14日にかけての「大阪大空襲」で人形や衣裳がほとんど焼けてしまった。

そのとき、文楽は地方公演で神戸の松竹劇場で公演していたそうです。その時は人形たちは残った。それがまた翌15日の神戸大空襲でみな焼けてしまった。それでほとんどなくなってしまったのですね。

その後どうしたかと言いますと、戦後の復興には松竹の白井松次郎会長が尽力されて個人で持っておられたものや、淡路島の松谷辰三さんという耳鼻科のお医者さんのコレクショ

*春子太夫
（1909〜1969）竹本春子太夫。淡路島生まれ。淡路の人形浄瑠璃の出身。1943年、松竹の白井松次郎から名前を譲られ豊竹松太夫に。1960年に春子太夫襲名。

ン、また当時、高槻にありました医専（現・大阪医科大学）の理事長の藤堂献三さんなどがお持ちの人形をお借りしたそうです。

●平和憲法の下で

そんな感じで戦中戦後を育ちました。今日、私がこうして与太話しながら三味線を弾いてられるのも平和だからですよね。平和でいられるのも、憲法9条があるからなんです。ですから私、「9条の会」*というのに入っています。この会のリーダーのような方が、お亡くなりになりました加藤周一さん。大江健三郎さん、澤地久枝さんなど文化人がリーダーになって、私は大阪市中央区の「9条の会」の世話人をやっています。世話人といっても何も世話しませんよ。どっちかというと世話掛け人なんです（笑）。

とにかく平和の気持ちだけで、九条の「9」にちなんで9の日パレードとかやっています。「平和を維持しよう。戦争を反対しよう。戦争のできる国にしないように、憲法改悪しないようにしよう」そうゆうプラカードを持ってパレードやっています。どうして、こんな話をするかといったら、私、生涯枯れないで生々しく現役の三味線弾きでいたい。

平和でなければ文楽なんて上演できない。お客様にだって来ていただけないでしょう。私の娘は九十歳ぐらいまでやってくれといってます。それはなぜかというと、孫たちの

＊9条の会
日本国憲法の第9条を尊重して護憲派の9人の呼びかけに応じて作られた組織。呼びかけ人は「井上ひさし／梅原猛／大江健三郎／奥平康弘／小田実／加藤周一／澤地久枝／鶴見俊輔／三木睦子」。

学費を考えている(笑)。大学生の孫が二人もおりますので、私もそのつもりでおります(笑)。まぁ、下手するとひ孫までできちゃう。九十歳までは現役の三味線弾き。しかも生々しくね(笑)。

それと同時に、少年の頃から思っている主義主張、平和への願い、そんなものを死ぬまで持っていたい。そう思うから、それをなんとか残せたらとこの本のなかでも語っていけたらと思っています。

●戦後の成長

それで実をいいますと、行っていた学校は私なんかの貧乏人が入っていいとこじゃないんですよ、その頃の師範学校の附属は。みんな金持ちばっかりなんです。で、小学校6年生のときに、音楽の時間に、「みんなの家に、色んな楽器があるだろう。どんな楽器があるか言ってみよう!」って先生がいうんですね。

みんな、ピアノがあります、グランドピアノですとかね。ヴァイオリンがあります。いろんなことを言っている中で、私、全然臆面もなく「僕のところは三味線があります」って言ったんです。そしたらその先生がいきなり「君のお母さん、芸者かい?」って。これはねぇ、私はねぇ、侮辱されたのか何なのかわからないけど、とにかく嫌な気持ちでしたね。

三味線って芸者が使うものだけじゃないだろう。反抗心は持っていたけど、それはいわなかった。で、悶々とずっと三味線があっちゃいけないのかなぁと思いながら、中学校に入った。中学校のまた音楽の時間で、音楽の先生が「君たちは、音楽といえば洋楽器が鳴る音楽しか知らないだろう。日本には、日本の古典楽器で鳴らす、日本の素晴らしい音楽があるんだ。それをみんなに聞かせてやろう」って、当時最高の芳村伊十郎《よしむらいじゅうろう》＊の『吾妻八景《あづまはっけい》』＊っていうレコードを聞かせてくれたんですよ。

その時にねぇ、いっぺんに私のもやもやが飛んじゃった。三味線がうちにあることをむしろ誇りに思えるようになった。

中学で、私はねぇ、本当にいい先生に恵まれて、小学校6年生から、中学3年生まで、同じ先生。その先生の主義で生徒の受け持ちを変えない。3年間俺が見るんだと。その先生が素晴らしい先生でしてね。私が勉強ができないと、「今日、教えてやるからウチに来い」って、先生のウチへ泊まりがけに。先生のウチに泊めてもらってご飯を食べさせてもらって、勉強を教えてもらったり。まぁ、私が可愛がられたと言うのもあるんですけど、そういう恩のある先生で、その先生とは、亡くなるまでお付き合いしていましたよ。

名古屋で公演があると、同級生に「お～い和夫（團七の本名）が来るから集まれ～」って、観に来てくれたり。

＊芳村伊十郎（七代目）（1901～1973）江戸長唄の唄方。実力もさることながら、その美男子ぶりは有名だった。1956年、人間国宝。

＊『吾妻八景』長唄の名曲。1829（文政12）年に四世杵屋六三郎が作曲。日本橋を筆頭に江戸の名所や風物を歌い上げていく。

突然、電話がかかってくるんです、夏になると。こっちの夏の公演が終わった頃に。だいたい8月の10日ぐらいに終わっちゃうでしょ。

「おーい、元気か？　元気だったら出て来い！」って。

「どこ行くんですか？」

「甲子園だ！」

先生と3回ぐらい行きました。で、最後に見た時が、横浜高校の松坂大輔がノーヒットノーランをやった、あの試合。その彼も、今また、私の好きな中日ドラゴンズで活躍してくれています。

●父の急死

中学3年の時に急に父親が亡くなったんで、高校へ行けなくなった。それで、定時制の高校へ入りました。もちろん、昼間は働いてました。

仕事はねぇ、学校の先生が先輩たちをたくさん就職させていた輸出用の陶器を作る会社に勤めたんです。

当時何していたかって言うと、私たちは「給仕さん」って呼ばれてた。お茶運んだりですねぇ、あとは自転車に乗って書類を届けたりする。そんなことばっかりやっていた。で、定時制の高校へ行っていてもつまんないし、だいたい勉強が嫌いだった。ほんとに好きじゃなかったから（笑）。でも、そこに定時制の高校でも昼間部とおなじく演劇部っていうのがあったんですね。

それで演劇部に入った。当時人気があった前進座では、翫右衛門《かんえもん》*さんはいなかった。ちょうど中国へ行っていたから（翫右衛門中国亡命のこと）。

その、前進座は警察からは、もうその時分、特高警察はないけど、警察の公安なんて特高警察と同じようなものだから、前進座を過激な思想の団体と見ていたんです。それで私の住む名古屋で公演がある時も、警察に邪魔されて公演ができなくなっていた。

なんで、こういう文化を邪魔するんだろうって学生の特有の理屈を持ちだして、「前進座を応援しようじゃないか！」とかいってね。何もできることはないんですよ。

ただ心情的に「応援しようじゃないか！」って、言っただけで私たちのリーダーは警察に追っかけられて、家まで追いかけて来て、火鉢までひっくり返されて、相当、悪質な乱暴をされた。その時の公安にはね。それからですよ、私のこの〝左寄り〟がじゃんじゃん高まって行った（笑）。

その話が出たころが一番ひどかったんです。「マッカーシー旋風*」って言って「アカ狩り」*が一番ひどかった時代。

---

*翫右衛門
（三代目）中村翫右衛門（1901〜1982）保守的な松竹を飛び出し、1931年、河原崎長十郎や河原崎國太郎と「前進座」を設立。1953年、北海道公演でのいざこざで逮捕されそうになり中国へ亡命。1955年に帰国「凱旋帰国」と報じられた。以降、「前進座」の文字通りの主役として活躍。

*マッカーシー旋風
「マッカーシズム」はアメリカの上院議員ジョ

アメリカではハリウッドにも吹き荒れていました。ジョン・ヒューストンやウィリアム・ワイラー、チャールズ・チャップリンなんかの映画監督や俳優が「共産主義者」だと密告されて糾弾されていた。

日本では「下山事件」、「三鷹事件」、みんな、あのＧＨＱが仕組んで「共産党がやったんだ」というようなうわさの事件がいくつもありました。共産党撲滅にかかっていたんですね。

そんな時代にも関わらず、中学から高校一、二年生の頃は、もう歌舞伎や文楽の公演があるたびに「御園座《みそのざ》」＊に入り浸り。名古屋では有名な御園座という劇場の楽屋番のおじさんと親しくなったものですから、タダで入れてもらった、というか忍び込んでました。

御園座というのは明治29（１８９６）年にできました。空襲やら火災やらで二度消失したのですが、昭和38（１９６３）年に再建され、その後、平成25（２０１３）年には経営不振で、また閉場。平成30（２０１８）年の4月に復活しました。名古屋では本当に有名な劇場なんです。

その3月に閉鎖になる中日劇場での最後の公演の折、横を通ったのですがマンションや商業施設の入った大きなビルになってました。行った人に聞くとコンパクトながらなかなか観やすい劇場だそうです。中日文楽のように、また公演ができればいいなと思ってます。

セフ・マッカーシーが中心となって始めた極度な反共産主義運動。１９５０年代、共産主義者、特にハリウッドなどの映画業界関係者が吊るし上げられた。

＊アカ狩り
共産党の色である「赤」が代名詞となり、弾圧することを「アカ狩り」などと称された。

＊御園座
名古屋市中区の由緒ある劇場。名古屋財界の後押しで東京の明治座を目標として建てられた。一旦閉場したが２０１８年、隈研吾氏設計の新しい「グランメゾン御園座タワー」として再開場した。

●文楽の洗礼

それで文楽（義太夫・浄瑠璃）を聞いていますと、曲が耳に残って、家に帰るとハーモニカで吹いたりしていました。そういう意味では耳は良かったのかもしれません。今の若い人がロック・ミュージシャンのコピーバンドをやるようなもんだと思います。

当時は、歌舞伎も播磨屋劇団《はりまやげきだん》（初代中村吉右衛門）が、御園座によく来てました。それにもこっそり入って、よく観てました。観てるとどうしても自分で真似したくなってくる。「花魁《おいらん》、そりゃあんまり…」なんて中学生がやっていた。当時のご贔屓は染五郎から幸四郎を襲名した高麗屋《こうらいや》*が好きで、家に帰りますと、あっ、私、こう見えても恥ずかしがり屋で、無口なんで（笑）、人に聞かれるのは恥ずかしいので、よく押し入れに入ってやっていました。押し入れの中で「練塀小路に隠れのねぇ、お数寄屋坊主の宗俊が…」なんてやっていると、名古屋弁の母親が「そんなとこ入って、何やってりゃあす！」、私は「とんだところへ北村大膳…！」。そんなおかしな子どもでしたねぇ。

私の叔母が名古屋で、芸妓さんを抱えて、なんていうのかお茶屋さんだか、置屋さんだかをやっていた。その叔母が文楽をずいぶん贔屓にしていたんです。

文楽の人もよく遊びに来ていた。先代の竹本綱太夫*師や、私の師匠竹澤彌七なんかは「名古屋のお母さん」と呼んでいたぐらい親しかったんですね。そう言う関係から、私も義太夫、

---

*高麗屋
ここでの高麗屋は「八代目松本幸四郎」。のちの初代松本白鸚（1910〜1982）。当代松本白鸚の父。

*竹本綱太夫
（1904〜1969）
二代目豊竹古靭太夫

文楽には意識があった、記憶があった。

それで、小学校5年生ぐらいかな。その頃、娯楽っていうとラジオしかなかったですから。ラジオから豊竹古靭《こうつぼ》太夫（のちの豊竹山城少掾）が語る『良弁杉由来』を聞いて、小学生だったのに泣いたんですもの。で、6年生の時に、名古屋の中京劇場で、「豊竹山城少掾（掾号受領記念」と「八世竹本綱太夫襲名」、そして「十世竹澤彌七襲名」、これ、3つの襲名披露があった。まだ、三和会と因会に別れてない頃ですね。

それは立派な口上でしたよ。一番隅ですごく芝居がかって、口上を言ったのが、昨年春に亡くなられた住太夫さん*のお父さんの先代（六代目）住太夫師匠。芝居がかったこと好きだから、もう歌舞伎役者のように「隅から隅までデェ～」ってやってましたねぇ（笑）。

それが、私が初めて見た文楽。生の舞台を初めて見た。小学校6年生の時。昭和22（1947）年でした。

御園座へ、年に2回ぐらい来るようになったんですね、文楽が。

それから文楽の他に歌舞伎もいっぱいやっていた。関西(上方)歌舞伎も多かった、その頃、一番人気のあった人は市川壽海さん。壽海さんが、まだ壽美蔵《すみぞう》って言っていた頃、私が学生だった頃は。それから（五代目）澤村訥子《さわむらとっし》、関東から来た（四代目）尾上菊次郎も人気があってね。それから坂東壽三郎、その次ぐらいに（四代目）中村富十郎、先代か。（二代目）

（豊竹山城少掾）に入門し、二代目豊竹つばめ太夫を名乗る。一時「新義座」に移るが、文楽座に復帰して四代目竹本織太夫を襲名。後、1948（昭和23）年八代目を襲名。1955（昭和30）年、人間国宝。実子に豊竹咲太夫がいる。

＊竹本住太夫（1924～2018）七代目。大阪市生まれ。六代目の養子。1946年、二代目豊竹古靭太夫に入門。文字太夫を経て1985年七代目を襲名。1989年人間国宝、2014年引退。同年文化勲章受章。

中村鴈治郎、それから片岡我當*、まだ我當だったんです、あの先代の松嶋屋*が。

それで文楽の人も心安くなったし、叔母が付いって行ってくれるしね。

それから文楽から歌舞伎に移った竹本（歌舞伎の義太夫方）の方々がいるでしょ、皆、親しいわけですよ。楽屋に出入りして、私も楽屋番のおじさんと仲良くなって、いつも裏から入れてもらって。当時は「播磨屋劇団」が多かったですね。

どうも初代の播磨屋（初代中村吉右衛門*＝大播磨）という方が、名古屋を好きだったらしくて、名古屋の公演が多かった。その時分、まだ中村勘三郎になってない中村もしほ*、それから中村歌右衛門*さんがまだ中村芝翫だったころ。高麗屋が染五郎のときで、八代目松本幸四郎*の襲名で、いまの白鸚*が、こ～んな小さい子役で千松（『伽羅先代萩《めいぼくせんだいはぎ》』）をやって初舞台。うまいんですよ、これが、むちゃくちゃ。これは天才だと。その頃を見ていますからね。

その頃見ていて感動した播磨屋の『籠釣瓶花街酔醒《かごつるべさとのえいさめ》』、その時は芝翫がもう歌右衛門に名前変えていて、花魁道中の先頭の「金棒引き」をやっていたのが中村錦之助*。すぐ、もう映画に行っちゃったけど。

その頃の舞台をよく覚えていて、真似していたんです。家に帰って来るとね、「おふくろ、なんかおやつ無いの?」って言うでしょ。そうすると母親が「何にも無いよ」って返事があっ

---

*片岡我當（四代目）

*先代の松嶋屋
（1903〜1994）
いずれも十三代目片岡仁左衛門のこと。傾きかけた上方歌舞伎を守った大功労者。1972年に人間国宝。晩年は目が悪くなったが舞台に立ち続けた。

*初代中村吉右衛門
（1886〜1954）

*中村もしほ（四代目
（十七代中村勘三郎）
（1909〜1988）
1975年、人間国宝。1980年、文化勲章。

*中村歌右衛門
（六代目芝翫）
（1917〜2001）
歌舞伎女形の最高峰の一人。1968年、人間国宝。1979年、文化勲章受章

て、（声色で）「おふくろぉ〜、そりゃぁ〜あんまり連れなかろうぜぇ〜」って。あきれた母親は、「何をアホなこというてるの」ってなもんです。

その頃、高麗屋が好きでね、「河内山宗俊」なんかを聞いて…。でもねぇ、私、案外恥ずかしがり屋で、人前で、そんなことは全然できない（笑）。

押入れの中に入ってね、色々考えて、あの岡本綺堂の伊豆の夜叉王（『修禅寺物語』）のセリフを本で読んで、芝居がかって音読したりね。

その頃、文楽に入るなんて、夢にも思っていない。文楽の三味線弾きは5、6歳ぐらいからしかやれないと聞いていましたから。

でもなにか演劇に関わりたかった。自分自身で表現する方が好きでしたね。

演劇に関わって、みんなで何やろうかって言っているところへ演劇部の顧問の先生が、「君たちなぁ、演劇って新演劇しか考えてないやろ。いろんな古典の歌舞伎・文楽なんかの歴史なんかも勉強しろよ」って言ってくれた。そういうとき、私一人喜んでいた。他の人には分からないから。文楽ってなんだかわからないっていうのが多かった。

昔、母親が娘義太夫をやっていたんです。三味線が風呂敷に包んで押入れの隅っこにあった。引っ張り出して来た。皮は両側とも破れている。厚い紙を丁寧に貼って、母親に「三味線の糸は残ってないの？」「糸ぐらいならあるよ」と。

＊高麗屋・松本幸四郎（初代白鸚）（1910〜1982）
・いまの白鸚（九代目松本幸四郎）（1942〜）

＊中村錦之助（1932〜1997）
初代中村錦之助。のちに萬屋錦之助。三代目中村時蔵の四男。五男が中村嘉葎雄。映画界に転身し、「東映時代劇」の一躍大スターとなる。「子連れ狼」などテレビドラマでも活躍した。

それをおもちゃにしていた。そしたら姉が、当時もう吉田文雀と親しかったのかなぁ、楽屋へ行って「うちの弟が、どうも三味線が好きらしいです」って話したんです。さあ、いまからじゃ。そんな二十歳前の子が入っても。構わないけど、人がいないんだから。本人が努力すればやれるから、やってみるかっていう話になった。本人、努力しなかったですけどね（笑）。

でも、縁だったのかなぁ。最初から太棹だった。義太夫の三味線しか考えてなかった。だから阿古屋なんか、あぁ、阿古屋が出てるって毎日聞いていて、で、学校サボって、帰って来るとその頃、ハーモニカ得意だったから、ハーモニカで阿古屋の胡弓の音「パァパーパァパ」ってやってた（笑）。耳で聞いただけでね。もちろん楽譜、音符なんてないですからね。耳からだけ。

文楽の道へ進むと決まってから、母親が担任の先生のところへ挨拶にいったら、先生は「えっ！　三味線弾きになるの？　はぁ、そうですか。変わった子でしたからねぇ」と言われたらしいです。その当時から絶滅危惧種（笑）。

文楽芸談

【第2章】文楽の道へ

入門から初舞台までの頃、京都にて。

●師匠に入門

私の姉が吉田文雀《よしだぶんじゃく》*の家内です。もう、どちらも亡くなってしまいましたけど。その姉が「うちの弟が、なんか三味線を好きになっちゃって、やりたそうなんですよ」と口添えしてくれた。当時、文楽には若い人がほとんどいなかったので、あるいはいなかったから入れてくれたのか「やってやれないことはないから、とにかくやってみるか」ということで入れてもらったんです。

昭和28（1953）年に京都市綾小路新町の竹澤彌七*の家に、姉と結婚していた文雀に連れていってもらった。もう、その日から内弟子に入っちゃったんです。向こうも弟子に取ろうと内々に決めていてくれたみたいで、その日から内弟子です。朝はね、7時くらいに起きて、お掃除して、師匠には小学生と幼稚園の子供が三人いたんですよ。子供たちの朝のご飯のお給仕する。子供達が出かけ、後片付けしたら自分の朝ごはん。それから何をするかなんです

*吉田文雀（1928～2016）祖父は道頓堀裏で芝居小屋などへ貸し出す布団屋、芝居好きな父は銀行員だった。父に連れられ文楽の小屋へ遊びに行くうちに、舞台を手伝うようになり、終戦の年に入門。1950年に正式に吉田文五郎の弟子となる。二代目中村扇雀と仲が良かったのと師匠の文をとって「文雀」。1994年、人間国宝に認定。

*竹澤彌七（十代目）（1910～1976）1917年に九代目に入門し京都竹豊座で初舞台。1971年紫綬褒章受章。翌年人間国宝に認定される。

けど、自分で稽古する時間なんてあまりなかったですね。雑用ばっかりでね。

それと、言葉がね。京都弁がね、ややこしかったなぁ。

「向かいの何やらへ行って、あれかってこい」。「お金は?」「何いうてんねん! かってこい! 買《こ》うてこいとちゃうで。かってこいというのは借りてこいや」。そういう煩わしさがありましたねぇ、言葉は京都と大阪でも微妙に違いますからね。

私よりちょっと先輩の太夫がいた。まったくの京都人なんです。彼を稽古する側の鶴澤寛治*師匠は住吉(大阪市住之江区)に住まわれていた。そこへお稽古に行く。寛治師匠はよく怒ってました。「それは京都訛りじゃ!」って。

で、完全に関西弁・大阪弁なのに怒られる人がいました。今の大阪弁なんてダメですよ。それは「なにわ言葉」じゃないから。河内弁や泉州弁でもダメ。「なにわ言葉」じゃなきゃダメなんです、文楽は。でも、江戸時代の「なにわ言葉」ですけどね。「なにわ言葉」、「船場言葉」ってあるんですよね。私が相三味線勤めさせてもらった竹本津太夫*師のおかみさんは、本当に綺麗な「なにわ言葉」。本当の大阪弁というか、堂島育ちのね。で、私が行くとね、私の娘のことを心配してくださって「嬢《とう》ちゃん、元気にしておいやすか?」。完璧な「なにわ言葉」ですよ。

でね、いまや演劇界でもそうとう言葉が乱れてます。松竹新喜劇の藤山寛美さんでも「な

---

*鶴澤寛治（六代目）（1887〜1974）

*竹本津太夫（四世）（1916〜1987）義理の父が六代目鶴澤寛治。

にわ言葉」じゃなかったです。南の方の河内弁に近かったですね。そしてテレビ時代になったら、もう無茶苦茶です。大阪弁だか、関西弁なんだか訳がわからない。

私のおふくろは、「よかったなぁ三味線弾きで。太夫じゃなかったからいいけど、あんたは太夫にはなれっこない。名古屋弁だから」って。で、楽屋へ入ったら、すぐからかわれるんですよ。名古屋弁の訛りが出るから。みんなにからかわれる（笑）。「まぁ、太夫でなかったらエエか」みたいなね。

当時は案外、大阪以外の人は珍しかったんじゃないかなぁ。他には、南部《なんぶ》太夫*さんが名古屋人でしたね。それと南部太夫さんの師匠も、どうも名古屋人だったらしい。愛知県人だったかな。最近は、もう結構いろいろ。長野県飯田市の出身とかね、大阪出身以外も多いですね。もう太夫でも江戸っ子、多いですよ。だけどね、それが「芸」なんですよ。そんな出身地の訛りを出さない「義太夫言葉」を表現することが芸なんですよ。だから、豊竹山城少掾*も竹本相生翁*も江戸っ子で、ふだんしゃべると「あたいはねぇ～」って江戸っ子ですよ。もちろん義太夫では江戸っ子なんかでてこない。

山城少掾は小さい時、歌舞伎の子役に出ていたんですって。冬の寒いのに真っ白けの白粉《おしろい》を首筋に塗られるのが嫌で飛び出した（笑）。

---

*南部太夫（五代目）
（1916～1985）
愛知県常滑市生まれ。大阪市立愛日小学校卒。1939年文楽座に入座。1952年、五代目竹本南部太夫を襲名。1981年、切場語りに。

*豊竹山城少掾
（1878～1967）
東京・浅草生まれ。3歳で三代目片岡我當の弟子となる。1909年、古靭太夫襲名。1947年、秩父宮より掾号授与され、山城少掾に。1955年、人間国宝に認定される。1960年、文化功労者。明治・大正・昭和に渡っての大名人とされる。

道頓堀の新しい文楽座（のちに朝日座）のロビーにて。左端は山城少掾、右端が團七。

●文楽の道へ

昭和28（1953）年、その当時は、文楽は憧れでしかなかった。とにかく竹澤彌七（十代目）に憧れたんです。そして弟子に入れてもらったら、三味線の技に憧れていたのが、人間性にも憧れてしまったんです。もう、憧れが尊敬に変わりましたね。一〇〇％尊敬に変わってしまって、内弟子生活が始まった。

師匠はとにかくお酒がお好きでしたね。夜、チビリチビリやる間、ずっと正座で師匠の前に座ってました。8年間内弟子にいましたけど、一度も膝を崩したことはなかった。だからいまも正座の方が楽なんです。

＊相生翁＝相生太夫（三代目）（1888～1976）東京日本橋生まれ。祖父が二代目。15歳で竹本小若太夫を名乗る。1920年に三代目竹本相生太夫を襲名。1971年に引退し初代相生翁を名乗る。

あぐらをかいたら10分ももたないですね。正座では、何時間でも持つ。だから、正座しっぱなしでどれだけ徹夜麻雀したことか（笑）。

師匠がチビリチビリ長時間飲まれるので、その間に修行させてもらったと思っています。師匠からはいろんな話を聞きました。今振り返ると、その間がいちばんの稽古だったのかと思いますね。

「ワシがな、寛治（六代目）師匠預かりの内弟子に入った時、師匠のご飯をよそってて、何杯目かの時、『こらっ！　お茶をかけんか。人の腹づもりもわからんのか』と怒られた。無茶なこと言わはると思うやろ」

「そうですよね、師匠の腹づもりはわかりませんよ」

「それがな、わからないかんねん。文楽三味線弾きというのは人の腹づもりがわからんようじゃ駄目だ。お前も、もう少し三味線が弾けるようになったらわかってくるわ！」

そんな話を一杯飲みながらしてくれるんですね。私はもう一〇〇％師匠を尊敬していましたし、師匠が亡くなられるまで、それは変わりませんでしたね。

そのついでにお話しすれば…ちょっと怖い話なんですけど。まぁ、面白い話なんだけど、ある意味怖い（笑）。

寄席が好きで、新宿のとある寄席に行ってましたら、ちょうどその日は超満員だったん

難波から北摂の清荒神までサイクリング。右から２番目の團七師は当時では珍しい文楽人初のジーンズ姿。左から野澤錦糸・一人おいて竹本津太夫・鶴澤團六・吉田玉昇・竹本織太夫・團二郎・織太夫弟（芸名はすべて当時のもの）。

です。ある噺家さんが「お客さんにたくさん来ていただいてありがたい。テレビの朝ドラ。NHK『ちりとてちん』*の影響もあってか、大変この頃お客様が増えてありがたいです」と前置きして、「だけど、あの話は全部嘘ですよ。噺家の師匠にあんないい人はいません。兄弟弟子、あんな仲が良いこともありません」。

私もゲラゲラ大声で笑いましてね。あくる日、楽屋で「寄席に行ったらこういう話をしていたよ。面白いだろう～」って話をした。そしたら誰とは申しませんが、太夫の若い子がひとり、身を乗り出して「それって文楽といっしょですねぇ」って。ねっ、怖い話でしょう（笑）。

＊『ちりとてちん』2007年10月1日～2008年3月19日までNHK大阪放送局制作で放送されていた連続テレビ小説。福井から出て来た主人公「和田喜代美」（貫地谷しほり）が上方落語に入門し、修行するドラマ。落語の演題「ちりとてちん」がタイトルの由来。

●入座

私は昭和28（1953）年の八月に「文楽座」、つまり松竹傘下の文楽座*に入座しました。同期で入ったのは、もう十数年前に亡くなりました竹本相生《あいおい》太夫*。それから鶴澤清治*くん。この人達と同期です。なかでも清治君にはびっくりしましたねぇ。同期ですけど私より十年若い。当時8歳で、5、6歳から三味線、琴やら胡弓を始めて文楽に入って来た。入って来た時にはもう立派に弾けまして「私は、こんな人、というか子どもですが、一緒でやっていけるのかなぁ？　これこそ、天才だな」と思ったのが清治君でした。覚えは早いし、手はよく動く。それから咲太夫*くんが私の二ケ月前に初舞台してましたね。それから私より九歳若い五代目の呂太夫*くん。それから小松太夫*くん。みんな死んじゃいましたねぇ、あっ、咲太夫は元気です！（笑）。寂しいですよ、ほんとうに。うーんと若い人が先に逝っちゃうんですもの。

初舞台した昭和29（1954）年には、新作一つも出てないでしょ。

その翌年に『曽根崎心中《そねざきしんじゅう》』が出たんですよ。復活というかね。『鑓《やり》の権三重帷子《ごんざかさねかたびら》』がついで出て、『長町女腹切《ながまちおんなのはらきり》』が出て、「近松三部作」って、東京や、名古屋や、京都って回って『曽根崎心中』はもう、超売り物となった。で、『長町女腹切』だけは、ちょっと地味すぎて、あまりやらなくなっちゃった。それで長年やらなかったのを、国立の制作担当が、あれをいっ

---

*文楽座
1909年〜1960年まで松竹株式会社が「御霊文楽座」・「道頓堀弁天座」・「四ツ橋文楽座」などで興行していた。團七師が入門したのは四ツ橋時代。

*竹本相生太夫（四代目）
（1939〜1999）
愛媛県松山市出身。三代目に入門し相子太夫を名乗る。三代目の引退に伴い四代目を襲名。

*鶴澤清治
（1945〜）
8歳で鶴澤清六に入門。十代目竹澤彌七に師事。2007年人間国宝に認定。

ぺん復曲したい、私に「やってくれる?」と。まぁ、やるけど。だけど原作のままの文章でやらなければならないんだってことでね。で、みると道行きの文章なんか、全然変わっているんですよ。原作で全部作曲しなければならない。作曲してやりましたけどね。それで、東京で、国立芸術祭公演シアターでやったんですけど、まぁ、地味でね。だって、おばさんが腹を切るって（笑）、切腹するってあんまりぞっとしない話でしょ（笑）。ふっふっふっ。

團二郎として初舞台の頃（四ツ橋文楽座）。

昭和31（1956）年に道頓堀の文楽座に変わった。松竹の会長が、当時の白井松次郎さんから大谷竹次郎さんに変わって、「新作をやれ、新作をやれ」って。

でね、『お蝶夫人』とか『夫婦善哉』とかはね、まだよかったんですよ。だんだん高じて来たら『ハムレット』に『椿姫』、『日露戦争と明治天皇』。まぁ明治天皇の時は参ったなぁ。私舞台に上がって三味線で「チンチツツ、テテット、チチチツ、テテト（進軍ラッパの調子）」をやりましたよ（爆笑）。そればっかり弾かされるの。でも『お蝶夫人』は

＊咲太夫（初代）（1944〜）豊竹咲太夫。八代目竹本綱太夫の実子。1953年、豊竹山城少掾に入門し、竹本綱子太夫を名乗る。2009年より「切場」語り。

＊呂太夫（五代目）（1945〜2000）1952年に十代目豊竹若太夫に入門し、豊竹若子太夫を名乗る。若太夫没後は竹本春子太夫門下に移り、春子太夫没後は四代目竹本越路太夫門下に移る。

＊小松太夫（1932〜2004）大阪府八尾市出身。三代目豊竹つばめ太夫（四代越路太夫）に入門。師匠の幼名を名乗る。NPO文楽座設立に奔走し、事務局長を務めた。

よかった。今でもやればいいと思う。『お蝶夫人』は、冒頭幻想的な夢みるシーンがある。で、三味線が5、6人出て、三味線で「蛍の光」とか「天然の美」とか、そういうのをメドレーでやる。その時にね「第二景」の冒頭をワキ（ツレ弾き）で引かせてもらったの、私が。その時、作曲の野澤松之輔師に「ここの出だし、ちょっと気いつけてや、三拍子やからな」っていわれた。なんと義太夫にワルツが出て来たんです！「タンタタンタン〜タンタタタ〜」って三拍子。本当に凄いお方だなと思った。

太夫がワルツを語る。その時相生翁師が「言われへん、言われへん」って言ってたのを、ワキに出ていて先年亡くなった源太夫*さん、当時織太夫さんでしたが、彼が器用だったから、しっかり三拍子でやってくれたんです。あの人一番にそういうことをやってくれた。『椿姫』の「乾杯の歌」のところなんか、あの人一人で歌ったもの。

新作といえば落語作家の小佐田定雄さんの書いた本を私が作曲して義太夫節として上演したことがあります。大倉喜八郎の出世物語だったと思いますが、なかなか面白い本で、曲も私なりにまぁまぁ良くできたと思っているのですが、一回上演しただけなのです。この主人公、大変な人で、上野の戦争で官軍と敵の徳川軍と両方に武器を売って大儲けをした。今でいうなら死の商人だったんですね。

---

*源太夫（1932〜2015）入門時は竹本織の太夫、1963年に竹本織太夫、2006年に九代目竹本綱太夫。2007年に人間国宝に認定。2011年に九代目竹本源太夫を襲名し、長男鶴澤清二郎も鶴澤藤蔵を襲名した。親子での同時襲名は話題となった。

●ついたあだ名が…

当時、新人の私は舞台で一人で音させるなんて、まず無いんですね。みんなの合奏に合わせるだけで。ところが勉強会で一人で弾く役がついて、（六代目）寛治師匠が稽古してやるって、お家に稽古に行った。そりゃ緊張しますよ。初めて一人で音させるんだから。で、弾きだし、オクリがあるでしょ「テーンテン、テーントトン～」のテーンテンが弾けないんですよ。「コツン、コツン、コツン」糸を外れるんです。何回弾いても、糸を外れる。そしたら寛治師匠が「お前、何してんねん、なんぼなぁ、そんなとこ弾いたって、三味線にはなぁ〝四《シ》の糸〟はあらへんねんぞ！」って（爆笑）。

これは有名な話。お稽古してもらうのを待っている他の三味線弾きが喜んじゃって、くっくっくって笑っているのが聞こえると、寛治師匠が調子に乗っていつまでもやるんです。それがすぐ次の日の楽屋で広がるでしょ、そしたら喜左衛門師匠が、私の顔見て「お～い、四の糸！」って。「四の糸さん」っていうと、妙齢の女性みたいですけどね（笑）。

有吉佐和子さんの小説『一の糸』は有名ですけど（笑）、こっちは「四の糸」。

たしかにねぇ、小説のモデルと言われる鶴澤清六《つるざわせいろく》師＊の一の糸は「ドーンッ」っていう音がする。いわゆる腹に響く音。あんな音、生涯させられないと私は思っていますねぇ。

私は、内弟子を出てからも京都にいました。最初、銀閣寺の方にアパートを借りて、ろ

＊鶴澤清六（四代目）（1889～1960）東京生まれ。鶴澤友松に入門し鶴澤政二郎で初舞台。1912年に五代目鶴澤徳太郎を襲名し、七代目竹本綱大夫養子となる。1923年に四代目清六を襲名し、豊竹山城少掾の相三味線となる。1949年山城少掾と絶縁。1955年、人間国宝認定。有吉佐和子の小説『一の糸』のモデルと称される。

くに公演もなくて収入もなくて、アパート借りて住んでるのは非常に辛かったですけどね（笑）。それでも、一人で生活したかったんですね。その時ね、忘れられなくて、思い出すとほろっとくる話がありましてね。私が荷物を全部さらえて、師匠の家を出る間際に、玄関に師匠のおかみさんが来て、私の肩を叩いて「あんたなぁ、食べられへんかったら、いつでも戻っといでや」って。生涯忘れられません。もう、大恩人ですね。

いつも初舞台の頃といえば思い出すんですけど、もうお一人いらっしゃるんです。前にも話しましたが、それは中学三年間ずっと一緒だった学校の先生です。その先生とは、80何歳で亡くなられるまで、私ずっと、お付き合いしていました。

時々電話がかかって来て、「おい、和夫どうしてる?」「はい、元気です!」「今日はどうしている?」「昨日が楽日（千秋楽）だったので、今日は遊んでます」。八月の暑い時だったと覚えています。「そうか、ほんならそっち行くから出て来い。甲子園だ!」とかね。

もう、その先生を忘れられないのは、文楽に入った時に「御園座」の楽屋に訪ねて来て、おまえの師匠に会わせろと。師匠の部屋に連れて行ったら、わたしのことを「和夫、和夫」って呼んでいましたから、師匠に手をついて「どうぞこの和夫をお願いいたします」って頭下げてね。もう生涯忘れられないですね。もう、この先生のおかげでいろんな抵抗から嫌なことやみんな忘れて生きてこれたんじゃないかと思います。まず生涯第一の恩人ですね。

●内弟子から初舞台までの頃

内弟子の間は大阪・道頓堀の「文楽座」まで京阪で通ってました。当時の京阪電車は京都の三条駅から大阪の天満橋駅までしかなかったんですよ。天満橋からバスに乗って道頓堀の文楽座へ行ってましたね。

帰る時の思い出といえばね、私はまったくお祭り嫌いなんですよ。なぜかっていうとね、祇園祭の日は四条の駅*に着いたら、師匠の家のある綾小路新町まで歩いて帰らないといけない。何にも乗り物というものがない。歩くしかない。人混みの中を。だから未だに祭り嫌い（笑）。それと内弟子でいた師匠の家の真向かいにテレビでもよく取り上げられる豪商の家があって、えっ〜と、そうそう杉本さんていうお家（杉本家住宅*）があって、そこにね、「伯牙山《はくがやま》」っていう山（山車《だし》）がある。その伯牙山っていうのは芸道の神さんなんです。それを綾小路の道に飾ってあって、必ず番人がいる。その当時ビニールなんてものはなかった時代です。雨が来そうだーっていうとドンドンって太鼓を叩くんですよ。そうすると師匠が「おいっ、和夫、行け！」って。提灯やら何やら取り外したり、しょっ中やらされていたので、大のお祭り嫌いに…（笑）。

公演があると、朝の9時ぐらいに出発して開演前に『三番叟』弾かなきゃならないでしょ。で、終演後まで先輩のお手伝いして、午後10時ぐらいしか帰ってこれない。

＊四条の駅
現・京阪電車「祇園四条」駅

＊杉本家住宅
1870（明治3）年に建てられた重要文化財の京都町家。現在は公益財団法人奈良屋記念杉本家保存会が管理する。

内弟子時代に、自分が遊べる時間というのは、まずなかったですね。師匠のうちで、公演がないとき、全く用事もないと、たま〜に「おいっ、和夫、今日は遊びに行って来ていいよ！」なんて言ってくれることがある。で、どこへ行こうかっていうと映画を見に行くことぐらいしかない。たまたまそういうことがあるとね。

そのころの映画はねぇ、どういうものを観たかなぁ。ローレンス・オリビエの『三文オペラ』を観たのは記憶している。そのほかは、もうチャンバラですよ。東映のね。阪妻《ばんつま》＊だとか、市川右太衛門だとか。それか、やってれば大好きなジョン・ウエインですよ。これはもう学生の頃から見ています。学生のころはもっと古いのを見てた。ダグラス・フェアバンクスの『バグダッドの盗賊』（１９２４年）とかね。

●入ってすぐの地方巡業

その頃の定期公演というのは、文楽協会ができるまでは松竹が管理していました。大阪は道頓堀文楽座（朝日座）、東京の新橋演舞場と名古屋の御園座、京都の南座の公演が定期的なものでしたね。名古屋でも8日間か10日間ぐらいの公演が年に2回ぐらいあるんですよ。それは入った途端だから、覚えるのが大変だった。「二の代わり」っていう、10日間の興行で5日目で狂言が全部変わる。それに昼夜でしょ。盛りだくさんだから、必ず一部に

＊阪妻
（１９０１〜１９５３）
阪東妻三郎、阪妻と呼ばれ愛される。十一代目片岡仁左衛門の弟子を経て無声映画へ。牧野省三監督のもとで注目され一躍人気スターに。阪妻プロダクションを作って全国区となった。息子たちに田村高廣・田村正和・田村亮がいる。

一度は道行とか掛け合い物がある。

私が入ってすぐに御園座の公演があって、その時も、10日間の公演で5日ずつ変わる。

一つは良かったんです。大阪と同じ『三番叟』だから。で、夜の部が『釣女』、それから「二の替わり」は『団子売り』、それとなんかの「道行」と、知らないものばかりだから、半月か2週間ぐらいの間にいくつも覚えなきゃならない。いまはねぇ、テープレコーダーがあって電車の中でも稽古できますがねぇ。それは大変でした。まぁ、観客はバラエティに富んでいて面白いんでしょうけど、演る方は大変。

最初に行った巡業は、東海道からでしたねぇ。名古屋の先から豊橋・浜松・静岡あたりを公演すると、今度は北陸へ行くんです。金沢とか富山とか。

それからずっと東北、盛岡・仙台・秋田・青森まで行って、青函連絡船で北海道へ渡って、函館ついたら師匠が「おい、釧路まで行くんやで席を確保しろよ。座られへんかったら大変やぞ」って。で、師匠の三味線のトランクが2つ。私のが一つ。それに私の身の回りのものを入れたボストンバッグの計4つ抱えて走るんですよ。座れなかったら大変だから。その時、師匠は優しいことを言ってくださいました。

「もし席が取られへんかったらな、わしの三味線のトランクに腰掛けてもいいぞ。三味線は一番大事なもんやけどな、身体の方がもっと大事や！」って。芸には厳しかったけど優

青函連絡船に乗り換える時に師匠と仲良くリンゴをかじった。

しい師匠でした。

で、やっと座れて。まずは一番遠い釧路まで行っちゃう。釧路で公演して、帯広・旭川・札幌。帯広・倶知安・小樽・室蘭ってね。そこから函館とかに戻ってくるわけです。その時分は、まだ松竹の傘下ですから、松竹に巡業部というのがあった。だから専門に巡業の交渉に年中歩いている人がいるわけです。それから巡業に行くと楽しいのは、今も写真が残ってますけど、青森の駅で師匠が「おい、和夫、リンゴかじりたいな!」、で、「はいっ!」って買ってくると、師匠は袖で拭いて、ニコニコしながらリンゴかじっている。楽しかったですね地方へ行くと。その土地ならではのものが食べられますしね。

巡業先での先輩列伝

松竹が巡業の手配をしているんですけど、巡業先にはたいてい地元の巡業主がいました。例えば北海道は本間興行とか、それぞれにありました。本間興行は北海道に劇場をたくさん持っている。

それは良いんですが映画の劇場でしょ、だから楽屋がないんです。札幌の映画館の時は、人形遣いは舞台裏の廊下みたいなところ。太夫・三味線は本間興行の社長宅を楽屋に使わせてもらってた。そしたらねぇ、大きな広間の真ん中に、トラがねぇ、寝そべってた。頭の付いた本物の虎（の皮の敷物）が。そしたら住太夫兄さんが入ってこれない。あの人、動物嫌いで怖いから。どうしても、「わしはよう入らん」と廊下で一人頑張っているんですよ（笑）。

地方巡業はたいてい前日乗り込みなんですね。前日乗り込みで劇場をちょっと下見しようって劇場に行くんです。たいてい、なんか興行をやっている。ある時は伊藤久男のコンサート。あるときは小畑実。北海道も行く先々でそういうのがありました。

帰りの青函連絡船で、先代の寛治師匠が、「ご飯食べよう」って、食堂に連れて行ってくれた。そうしたら米寿（88歳）の文五郎師匠＊がねぇ、分厚いビフテキをぺろっと平らげてた。後で聞いたら入れ歯が1本も無い。全部自分の歯だったそうです。

＊吉田文五郎（四代目）（1869〜1962）大阪市生まれ。初代吉田玉助の門下になり松島文楽座に出る。吉田巳之助名で、彦六座や明楽座にでる。のちに吉田簑助に改名。1909年に四代目文五郎を襲名。1915年からは文楽座人形座頭。1956年には東久邇宮家から「吉田難波掾」の掾号を受ける。

九州では、福沢諭吉の生家があるという中津の辺りだったかな。お寺の本堂が楽屋。雨漏りするようなお寺で、雨降ったらどうするんだって三味線に合羽被せたりしてた。

太夫・三味線はお寺の本堂に泊まってました。師匠がトイレに行ったらすぐ戻ってきて、紙がないって。私が「お寺だけに、仏ばかりで神（紙）がない」とかいったら、師匠が「お前、その知恵を舞台で使え！」って怒られた（笑）。そんなことがよくありましたよ。

野澤吉兵衛《のざわきちべえ》*師匠はご存知ですか？　吉兵衛さんは若い時に鬘《かつら》をかぶってらした。でも、よくできていたんです。昭和の初期に鬘ですからねぇ。でも、それが蒸れると痒くなる。で、三味線の一の糸、いちばん太くて硬い糸を右の生え際からついと入れて、そのまま頭のてっぺんを通して左の生え際へぐいぐい通すんです。で、左右を引っ張って掻いていた。お客さんが来てもそのまま「おいでやす！」って。お客さんのほうがびっくりしてた（笑）。

吉兵衛師匠はカメラが好きでねぇ。巡業などでは、ずぅっと撮影していた。で、大阪で個展を開いたことがあるくらいお上手だった。

旅先でカメラをぶら下げてご機嫌な顔で楽屋へ帰ってきて、「どや、ちょっとしたカメラマンやろ！」っていうから、私は「ハゲラマンでしょ」って（笑）。

本当に面白い方だったんです。

「わしなぁ、阪急電車の駅の売店で牛乳飲むねん。（昔はガラス瓶でしたけど。あれをグゥー

*野澤吉兵衛（九代目）（1903～1980）大阪市生まれ。1914年に七代目野澤喜八郎に入門。1917年に初舞台。1963年に吉兵衛襲名。四代目竹本津太夫の相三味線を務める。

と飲んで)、残ったのを手に付けて、頭をツルツルっと撫でてたらな、売店の女の子が笑いよんねん!」って怒ってた。私にしたら笑わない方が失礼でしょって思ってた(笑)。

のんびりした良い時代でした。昔の巡業は、あるいは巡業でなくても楽屋でも割と和気藹々としていたんですよ。偉い師匠の前でも冗談言えたんですよ。

野澤松之助《のざわまつのすけ》*師匠なんかは、どこだか場所は覚えてないんですけど。「團二郎くん、わし、映画見に行く。一緒に行かへんか?」って声をかけてくださった。「はい、お伴します!」って見に行きました。何の映画を見たか、いまでもはっきり覚えてます。『チンギス・ハーン』。チンギス・ハンの子供のころのテムジン役をジョン・ウエインが演っている『征服者*』。その帰りに、喫茶店に入って、コーヒーを飲もうとなった。やがてコーヒーが来て、松之輔師匠は、一口すすっては角砂糖をコリコリかじる。「お師匠さん、面白い飲み方ですねぇ」って言ったら、「これが通の飲み方や」ってすましてらした(笑)。

巡業では、たいてい11時ごろ昼の部を始めて、2時前に終わって、2時から2、3時間ぐらい遊んでいて、夜の部は5時ごろから9時ぐらいまでやるわけです。だから合間のちょうどいい遊びはパチンコになるんですねぇ。

あるときね、朔日《おついたち》だった。我々、1日と15日は、元日みたいに「本日はおめでとうございます」と挨拶をするんです。これはなんでかというと、船場の商家の習慣だった。

---

*野澤松之輔
(1902〜1975)
和歌山生まれ。六代目野澤吉兵衛に入門。1942年から松之輔。豊本節を創始した。1972年人間国宝に認定。『曽根崎心中』や『女殺油地獄』など、現代の人気曲を多数作曲。

*『征服者』
(1955)
監督:ディック・パウエル/主演:ジョン・ウエイン。スーザン・ヘイワードが共演。

丁稚さんは朔日と15日のお手当てをもらって「本日はおめでとうございます」とやる。そういう風習が文楽にも残っていて。春子太夫師匠が合間にパチンコに行ってずいぶん負けて帰ってきたらしいんですよ。そんなことは知らない呂太夫くんが1日だから「本日はおめでとうございます」ってやっちゃった。そしたら春子太夫さんが「わしがパチンコ負けたのがそんなに嬉しいのかぁ！」って怒り出しちゃった（笑）。

小松太夫も好きでしたねぇ。沖縄公演の時に「暇や。パチンコ行こう」って、パチンコ屋を探しても沖縄にはない。本当になかった。いまの国際通りも土の道のころですよ。米軍のジープがすごい砂埃立てて走っていた。そしたら、小松太夫が怒って、「こんなパチンコもない街は発展せんわ！」って。そんなことはないだろうに（笑）。

その代わり、大きな賭博場があった。ルーレットとかそんなのにドルが動いてた。

●日本列島すみからすみまで

巡業での舞台、つまり大道具なんかも当時は持って行ってました。あの当時、交通が不便だったから、大道具は専用にトラックが動いてました。ところが私たちの楽屋や舞台で使うための行李があるでしょ。一人一つずつ、あの大きな行李がある。そう、いまお相撲さんが使っているみたいなの。巡業では2、3人で1つの行李を使ってましたが、それは今でもそうですね。

その行李はねぇトラックじゃないんです。汽車で運ぶ。私たちが乗る列車に、その当時「チッキ」というのがあった。「託送手荷物」て言うんですかねぇ、それで送ってた。ときどき、乗り換えで荷物を積み降ろすときに「おいっ、若いモン！」って声がかかると、汽車の線路でですよ、我々が貨車から担いで降ろしてた。次の列車に乗り換えるためにね。行李はよく担いでましたねぇ。

巡業行くとねぇ。初めての経験というのもたくさんある。一番驚いたのは関門トンネル。「へっ、これ海の底を走っている！」って。そりゃびっくりしましたねぇ。

最初は東海道から東北、北陸、北海道でしたが、その次はねぇ西の旅。

明石から始まって、姫路・岡山・広島をずぅ〜と回って、フェリーで四国へ渡って、四国もね、丸亀や高知とかいろんな小屋でいっぱい文楽できたんですね。今もある金毘羅座や内子座とかね。徳島・高松・高知・松山。そして松山からフェリーで別府へ渡る。別府でも公演するし、大分、都城から鹿児島、長崎、ぐる〜と回って。だから地方巡業も丸1ヶ月、きっちり30日やっていた。

今の巡業は、東海道を静岡まで行って、それから横浜まで行って、横浜から札幌まで飛んで、札幌で終わって、大阪へ帰ってきてから、また、どっか仙台へいくとかね、経路も無茶苦茶です。

後でもたっぷりお話しますが、海外公演のときでも地方巡業とおんなじ感覚でねぇ。旅巡業のつもりでした。最初に行った公演のときから、ツアーガイドさんについて、ぞろぞろ食事やら何やら行くのが苦手でしてねぇ。私は、あれダメなんですよ。

パリの公演も一月いたんですよ。4週間の公演でね。で、エッフェル塔もルーブルも知らないで帰ってきてるから珍しい。向こうで友達もできたりした。

セーヌの上流、もう川幅がずいぶん狭くなった源流の辺りのレストラン。そこで食事して、そのあとテラスに出て魚釣ったりしましたねぇ。そんな優雅なことをやっていた。

なにせ、朝から暇だから。楽屋入りするのは大抵、夜の7時半か、8時。それまでに買い物やら見物やらで歩き回って、くたびれ果てて楽屋入りする。

私は芝居が終わったら「おやすみ~っ」っていって、遊びに行く。たいてい朝まで遊んでいて、キザなようだけど、凱旋門の横のカフェで夜明けのコーヒー飲むのが良かったなぁ。

あのころはねぇ、コーヒー一杯の値段を払えばゴーゴー喫茶とか入れたんです。で、朝まで居られるんです。もっとも普通のカフェのコーヒーが1フランだとしたら、3フランぐらいとか、値段は高かったですけどね。

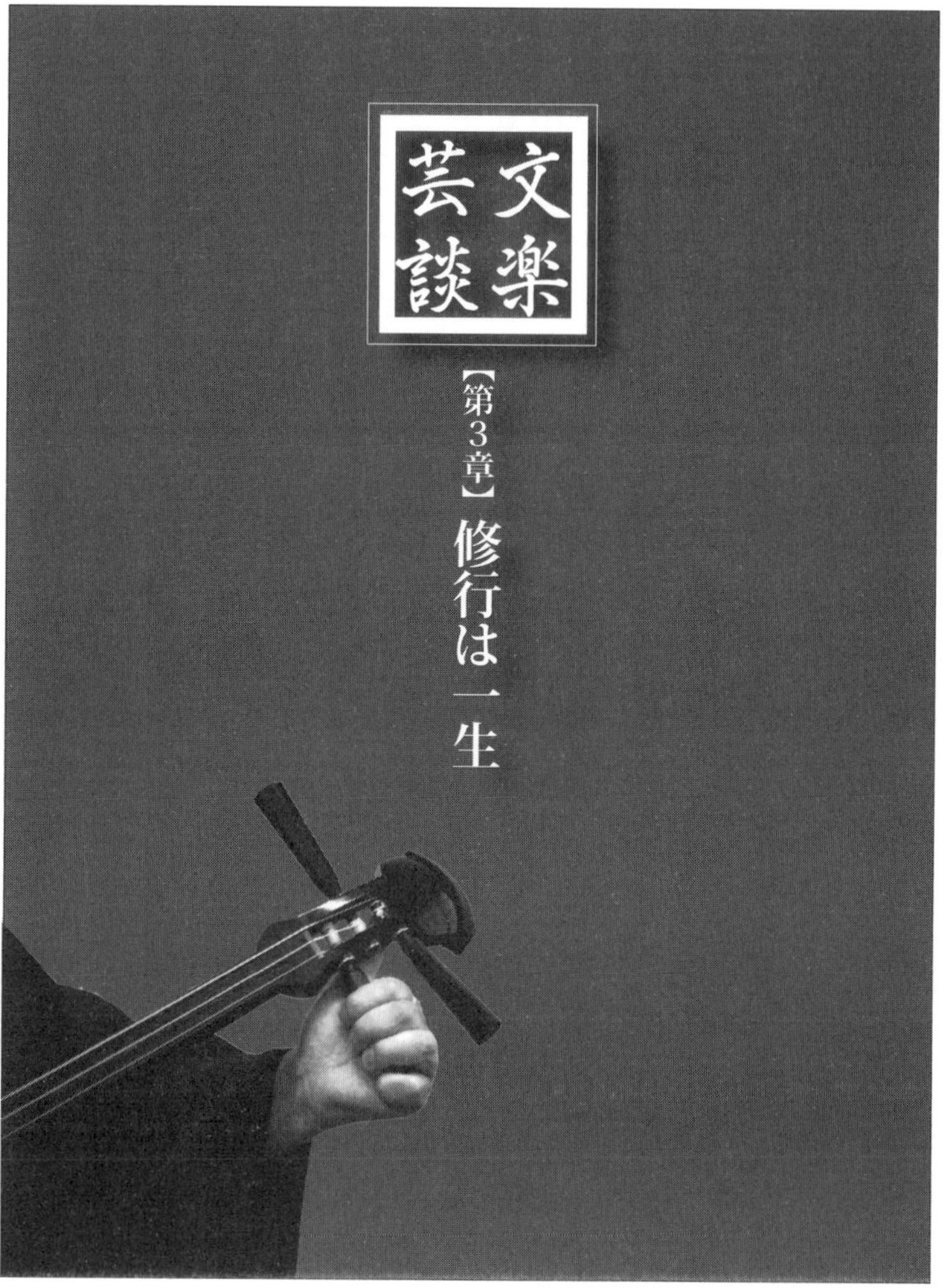

文楽芸談

【第3章】修行は一生

●文楽修行のあれこれ

私が入った当時、まだ偉い師匠方がたくさんいらっしゃいました。自分の師匠にそんなにしょっちゅう稽古をしてもらえなかったんです。

昨年（2018）亡くなられた寛治さん*にもずいぶん、お世話になりました。私の師匠が寛治さんに「この團二郎（前の芸名）、面倒見たってえな」と。

入った当時は役なんか付きません。〈メリヤス〉ばっかり弾かされる。〈メリヤス〉というのは、舞台の進行上、人形の動きなどに三味線だけを陰で弾く。例えば一番よく弾かされるのが〈立ち回り〉ですね。寄席の下座でもよく聴きます。この〈立ち回り〉にも、「男のもの」「女のもの」とかいろんなバリエーションがあるんです。〈波のメリヤス〉とか〈水のメリヤス〉。名前のついた〈メリヤス〉が何十種類もあります。あとで詳しく説明しましょう（第6章参照）

文楽の〈水のメリヤス〉。これは歌舞伎とか日本舞踊では、〈チドリ〉と呼ばれるものがあります。どういうわけか、無声映画では立ち回りの時にこの曲が流れるんです。

〽東山三十六峰、静かに眠る丑三つ時、
　たちまち起こる剣戟の響き〜

どうしてこれが立ち回りの曲かわからないんですけどね（笑）。

*寛治（七代目鶴澤寛治）

ちなみに〈メリヤス〉っていうと、未だに語源が謎なんです。先代の綱太夫師匠なんかは衣類の〈メリヤス〉だって言うのですね。伸び縮みが出来るから。つまり、舞台の進行に合わせて早く切り上げたり長く引っ張ったりできるから〈メリヤス〉だと。

だけど、もう一つ説がある。昔、遊郭のお女郎さんがお客さんを待っていた、でも、お客さんが来ない。それで三味線を持って寂しい曲を弾きながら「気が滅入りやんす」って言ったのが語源だとも言われています（笑）。

説というのはいろいろありますから、これはあてになりません。三味線が日本に入って来た話でも、中国から琉球を経て堺の港から大阪に入って、改良されたというのが定説なんですけど、宣教師のフランシスコ・ザビエルが渡来した時に持ち込んだという説もあります。何れにしても説なんて〝切にわからない〟もんなんです（笑）。

●初舞台

私が初めて舞台に出たのは「四ツ橋文楽座*」で昭和29（1954）年の正月でした。その後、昭和31（1956）年に道頓堀に文楽座*が出来まして、そちらに移ります。道頓堀に変わった当初は新作ばかり。当時の松竹の社長であった大谷竹次郎氏が「新作やれ、新作やれ！」と。どんな新作かというと『ハムレット』『お蝶夫人』『椿姫』なんかでした。『お蝶夫人』は

*四ツ橋文楽座
1929（昭和4）年12月に開館。長堀川（現・長堀通）南岸の佐野屋橋西詰にあった。外観は洋建築、内装は和風だった。空襲を受け焼失したが戦後も復興。ただ、一時しのぎの建築だったため道頓堀に移転という名目で閉館。

*文楽座
もともと豊竹座があった場所は、弁天座となっていたが戦災で焼失。跡地に1956年、客席数1000席の近代劇場として開場した。その後、「朝日座」と改称。

四ツ橋文楽座での初舞台『寿式三番叟』。右最前列が18歳の團二郎、左最前列が8歳の清治。

大当たりしました。『ハムレット』なんて、どんな芝居になるんだろうと思ってましたが、しっかりした芝居になってましたね。それは作曲者の力ですね。

野澤松之輔師匠という方。この方が凄い。『曽根崎心中』でも、原作のままだったら素晴らしく流れのいい芝居にならなかった。加えて宇野信夫先生が文章を整理して曲になりやすい文章、芝居になる文章にしてくださった。だから松之輔師の名曲になった。それであれほどの名作になったと思います。

『ハムレット』なんて、最初は暗い暗転の時から三味線弾きだけ大勢出て、なんか訳のわからない、ちょうど宮城道雄先生の『衛兵の交替』ってピアノ曲に近いような曲がありますが、それに近い曲を弾いたりしてた。

『椿姫』なんて、言葉が多いですよね。私はたいてい陰でメリヤスを、胡弓で弾いたり、二弦琴（八雲琴）などをよく弾かされました。

『お蝶夫人』、これは大当たりしました。ピンカートン夫妻が子どもを取りに来る前に、子どもに目隠しして「目ん無い千鳥」で子どもを遊ばせて、それで自害するシーンなんですけど、

〽目ん無い千鳥　目ん無い千鳥
　坊やのお目目は見えずとも
　ママのお顔はよーく見える

こんなような曲でしたねぇ。これには陰でバイオリンを入れているんです。本職のバイオリニストを雇ってきて、毎日、彌七師匠は下りてくると「今日はちょっとずれてたな」とか「今日はノッてたな」とかいってましたね。

義太夫節にバイオリンは五線譜見ながらやってるんです。もう、四、五日も経てば譜なんか見てません。三味線の音だけ聞いて目をつむって楽しんでやってました。これは大当たりで、これを地方巡業に持っていった時は、バイオリンの人に来てもらえないので、私が〈大弓〉を弾いてました。胡弓じゃ無いんです、三味線をバイオリンの弓で弾く。これを松之輔師匠が考案して〈大弓〉と名付けた。それをよく弾いていました。

それから偉いお師匠さん方にいろいろ教えられましたけど、先代の野澤喜左衛門*師匠という方は手の固い方でした。その喜左衛門師匠が私に言ってくださった「お前は〝音〟で仕事しろ。音色で仕事しろ」と。この教えは十分に発揮できているかどうかは自信がありませんが、生涯、守っていこうと思っています。

私の師匠には、本当にたいして稽古をしてもらったことがないんですけど、たった一段、しつこく稽古をしてもらった記憶があります。私が道行きの裾の方に座るとか、誰かの連れ弾きとか、役がなかった頃に段物を弾くことになったんです。地方公演でした。亡くなった竹本相生太夫と『傾城阿波の鳴門《けいせいあわのなると》』をやることになりました。師匠に稽古をつけてもらったんですが、えらく怒られた。何を怒られたかというと、まず太夫に「子どもが泣くな!」。相生太夫は愛媛県出身で子どもの頃から義太夫習ってたから器用にやるんですよ。

〽人の軒の下に寝てはたたかれたり、

というからこっちも悲しげに弾く。そしたら「三味線を弾き過ぎるな。子どもが泣くな。子どもが泣くとこまっしゃくれて聞こえる。お前が泣いたって、お客さんが泣かないで何になる。だから子どもは淡々とあどけなく言っている方が、お客さんに悲しみが伝わるんだ」

三味線の泣きの手。だからお客さんのほうは十分に泣ける。三味線も泣ける。それで弾けと言われたから、淡々とそう弾いていると、師匠が「泣いてへんやないかい。三味線が

*野澤喜左衛門(二代目)(1891〜1976)神戸市生まれ。8歳で野澤勝市(初代喜左衛門)に入門。1962年に人間国宝。

泣かんかい！」。そりゃ、確かにそうなんです。三味線も泣かなければ義太夫じゃ無い。文楽の義太夫では無い。『傾城阿波の鳴門』は、すごく稽古してもらいましたね。

物語をご存じない方に申しますと、『母を訪ねて三千里』じゃないんですが、七歳の女の子が、お父さん、お母さんを探す巡礼の旅に出る。そして偶然にも母親のいる家へ来てしまうんですけども、母親は後の難儀を恐れて名乗れないで帰してしまう。そういうお芝居ですけども、これはどちらかというと、ローカル番組なんですね。だから国立文楽劇場や国立劇場ではあまり出ていない。

●初舞台プログラム

ごそごそ探し物していたら、私が初舞台していた時のプログラムが出て来ました。四ツ橋の文楽座。昭和29（1954）年、正月。ここにあるんですよ、18歳の團二郎と8歳の清治くん。清治くんったって、子供ですよ。小学生なんだもの。私より10年若い（笑）。こんなちいちゃな子供。だけど上手いんですよ。三味線が持てるんだろうかと言うぐらいの、小さいのに、私よりしっかり弾いたんですよ。もう、それまでに胡弓やらお琴やら、何でも習ってたから。私はなんにも知らないで来ちゃったから。他に太夫二人と四人で初舞台したんですけどね。

四ツ橋文楽座プログラム（昭和 29 年正月公演）

これが津の子太夫（次頁上の写真／右端）。この人は、辞めちゃいました。津太夫さんの弟子。それから相子太夫、十数年前に亡くなった四代目竹本相生太夫ですね。この頃、長時間やってました。開演が午前10時だったかなぁ。大昔は日の出から日の入りまでですからねぇ。通し狂言で「大序」ってあるでしょ。「大序」は御簾内《みすうち》でやる。その頃は、まだまだお客さん居ません（笑）。朝の8時ごろ。はっはっは。

四ツ橋文楽座は、私も2年居ただけです。昭和29（1954）年に初舞台して、昭和30（1955）年と、2年居ただけで、昭和31（1956）年から道頓堀の「文楽座」。

最初は「朝日座」じゃなくて「（道頓堀）文楽座」。で、文楽だけじゃやっていけないとなって、

初舞台御挨拶

新年はお目出度うございます。
今度私達は文楽座の初春興行に初舞台を勤めることになりました。これひとえに、皆様の御後援のおかげで御座いますと同時に、お師匠さまのお力でございますと厚く喜んでおります。まだ〳〵修業は是からでございますが、どんな苦労にも堪えても必ず藝を通す一念で努力致しまして一人前の太夫、三味線になりたいと思いますから皆様の御鞭撻を伏してお願い致します。

昭和廿九年正月

竹本津の子太夫
竹本相子太夫
鶴澤清治
竹澤団二郎

竹本津の子太夫（塩谷益暉）
昭和十四年四月十五日生
師　四世竹本津太夫
入座　昭和二十八年九月十三日

竹本相子太夫（西原二郎）
昭和十四年一月二十二日生
師　竹本相生太夫
入座　昭和二十八年九月十三日

鶴澤清治（村山浩）
昭和二十年五月六日生
師　鶴澤清六
入座　昭和二十八年九月十五日

竹澤団二郎（横野和夫）
昭和十年十二月八日生
師　竹澤彌七
入座　昭和二十八年九月十日

四ツ橋文楽座プログラム（初舞台４名の御挨拶）

いろいろやりだした。松竹新喜劇で渋谷天外と一緒にいた曽我廼家十吾さんが、袂を分かって劇団を作っていた。その十吾さんが家庭劇をよく、この朝日座でやってましたね。

このプログラムには鷲谷樗風《わしたにちょふう》さん＊も書いてます。鷲谷樗風さんは文楽座付きの作者で、いろんなものを作られた。たとえば『鑓の権三重帷子』、『女殺油地獄』、『春琴抄』など、多くの文楽の脚本を書き、演出もされています。

もう一人、大西利夫《おおにしとしお》さん＊っていう松竹座付きの作家がひとりいて、新作をほとんど書いていました。『ハムレット』だとか、『椿姫』だとかね。

＊鷲谷樗風
本名：鷲谷武。大阪の歴史文化に造詣が深く、戦後すぐから多くの文楽作品の演出・脚本を手がける。1972年度に大阪文化賞受賞。

＊大西利夫
（1889〜1977）大阪市生まれ。京都帝国大学国文科卒。朝日新聞の記者から松竹座の専属作者に。

謹賀新年

大阪文楽会第十七回公演の新春興行はまことに意義が深いと存じます。昨年文楽座人形浄瑠璃が文部省無形文化財選定となりましたことは、人形浄瑠璃が国家保護の立場に一歩前進したのであります。これによつて一月興行からは免税興行となりましたので、先ず入場料の値下げを断行致しました。更に従来一部興行として長時間の観劇を必要としました。これは通し狂言上演のため止むを得なかつたのでありますが、社会生活は斯かる余裕を許さない点もありますので、短時間で文楽芸術を楽しめる二部興行に改めて観覧の機会を多く致しました。この上は大阪文楽会の事業であります文楽芸術の保護助成啓蒙発展の達成に邁進されることによつて、因会は芸道向上に努め、松竹は設備改善その他に協力して三者が一致いたしまして益々文楽座人形浄瑠璃の興隆に努力致します存念で御座いますから何卒皆様の御声援を御願い致す次第であります。

昭和二十九年一月

文楽座

第一部正午開演（十二日より夜の部に上演）

第一、御祝儀　寿式三番叟

豊竹河内太夫	（三味線）鶴澤清八
竹本津の子太夫	鶴澤友十郎
豊竹多満太夫	鶴澤清好
豊竹弘太夫	（初舞台）竹澤団二郎
竹本織の太夫	鶴澤寛弘
竹本長子太夫	鶴澤清友
豊竹宮太夫	野澤吉三郎
豊竹松太夫	（三味線）鶴澤清六
竹本雛太夫	豊澤豊助
竹本相生太夫	野澤松之輔
豊竹山城少掾	鶴澤藤蔵
竹本綱太夫	竹澤彌七
竹本津太夫	（三味線）鶴澤寛治郎
竹本南部太夫	野澤八造
竹本織部太夫	野澤錦糸
竹本相次太夫	豊澤新三郎
豊竹十九太夫	（初舞台）鶴澤清治
竹本綱子太夫	鶴澤藤之助
竹本相子太夫	野澤喜八郎
竹本静太夫	（三味線）豊澤広助

第二　近江源氏先陣館

小四郎恩愛の段

切　竹本相生太夫
野澤松之輔

佐々木盛綱首実験の段

後　竹本津太夫
（三味線）鶴澤寛治郎

人形役割

小四郎恩愛の段より盛綱首実験の段まで

佐々木盛綱　吉田玉助
母微妙　吉田玉市
妻早瀬　吉田文雀
妻篝火　吉田玉五郎
北条時政　吉田兵次
榛谷十郎　吉田淳造
注進　吉田文昇
竹下孫八　吉田常次
一子小四郎　吉田小玉

初舞台の印がつく竹澤團二郎、鶴澤清治

人形役割

千歳	桐竹亀松
翁	吉田文五郎
三番叟	吉田玉助
三番叟	吉田栄三

――解説――

一トロに三番叟といつても、各派各流によりいろいろの種類があります。常盤津にも、清元にも、地唄その他にも、長唄にいたつては四、五番もありましよう。が、義太夫のこの式三番が、中でも最も秀れたものと思われます。十五、六年も前のことですが、その頃に読んだ、ある丸本の大序に、この三番叟の条がありました。それが、何の芸題の丸本であつたかはいま記憶にありません。そのときはただ単に、こんなところに三番叟がある。と思つて読み流したのみでした。そんなところから抜萃して一版ものにしたものと思われます。

もともと、いずれの三番叟も、能の翁に（昔は三番叟といつたそうです）根元を置いておりますが、その能曲の意をもつとも具現しているのが浄瑠璃の三番叟です。能の翁、実に神聖ないゝものと、つくづく感じたことは、この義太夫の三番叟の節調が、あまりにも、その能の要点を鋭くつかんで採り入れてあることです。節付当初の苦心研究のほどが、しみじみとうかがわれ、只、感心のほかありません。

「それ豊秋津洲の大日本」の、軍々しい語り出しから、千歳の優雅な、ワキ舞の曲。七五三の歩みの古実に、天下泰平を祈禱の、翁の荘重味、続いて白尉、黒尉の所謂二人三番の、軽妙活溌な曲につれての、前舞の揉の段といい、鈴の段といい、変化を持つて踊る。鈴の段といい、変化のある面白さは、音曲としての序破急《ハキュウ》の約束を如実に示した。模範的、名曲中の名曲です。由来、浄瑠璃道では語《カタ》り初《ゾメ》の御祝儀ものとされ、家によりては、師匠以下一門揃つて正月に語初、弾初をした内もありました。

当、初春興行は、本年目出度も喜祝の紋下山城少掾、八十六翁の文五郎、三紋古老の清八を始め、文楽座全員、文字通り総出演、未曾有の豪華版として上演されます。これは出来得べくして、出来得ないこと、邦楽界の圧巻であり文楽座の誇りとするところでしよう。

一子小三郎	吉田玉幸
和田兵衛秀盛	吉田玉男
二度の注進	吉田玉昇
軍兵	大ぜい

――解説――

この浄瑠璃の初演は、明和六年師走の竹本座と記されております。

慶長、元和における豊臣徳川の合戦、夏冬両度の大阪の陣を題材にしたもので、時代を鎌倉期に置き替えて作られてあります。この盛綱陣屋の段は、八ッ目にあたりますが、ある意味で、この段の悲劇の元となる首の（偽首ですが）佐々木高綱とは、皆さまも御承知の豊臣の智将、眞田幸村のことであります。随つて盛綱は兄であつて徳川方の随臣眞田安房守、また北条時政は家康を擬しているものであり、佐々木高綱が身替りの偽首を時政に見破らすまいと一子小四郎を殺してまでする企みに盛綱が感じ入り我が身を捨てゝこれを見逃すという略筋です。

前半では、かかりの「思案の胴」のところで「テン」と弾く一音一撥にすでに、三味線のむつかしさがあり、また母微妙に対し、「この盛綱の為には甥、母人のためには、子よりも可愛い孫の小四郎なれど、弟高綱の鉄石の義心を喩々、大丈夫とするためには、母の御手で小四郎に腹を切らせて下され」と歎願する盛綱が苦衷の心理描写、わけて「修羅の巷の攻太鼓」といつたあたりは、演者の肺腑を刳る思いの語り箇所であります。

後半の首実験の段は、勿論この段のクライマックスにて、盛綱が故実を正して擬る弟の首を一目見た瞬間、「父上、口惜しかろ、私もあとから追付」と走り寄りざま切腹する小四郎の気合、驚きの中にも首実験に容を正す悲愁の盛綱、眞偽如何と眼も放さず視もる北条時政、断腸の想いをじつと堪ゆる老母微妙、母の篝火、等々、それこそ太夫、三味線、人形一本となつて、息一つゆるがせに出来ない緊迫極致の舞合、芸道無限の深さはどのような所にあるのでしよう

第三、壺坂観音霊験記

澤市内より壺坂寺の段
切 竹本綱太夫
竹本綱子太夫
竹澤彌七
ツレ 鶴澤寛弘
ツレ 竹澤団二郎

人形役割

澤市内より壺坂寺の段まで
女房お里(前) 吉田文五郎
女房お里(後) 吉田玉五郎
座頭沢市 吉田栄三
観世音 吉田玉之助

—解説—

今更喋々の辯の要もない程、人口に膾炙されているこの一段です。昔、銭湯などでよく「今頃は半七さん」と共にかならず「三ッ違いの兄さんと」の一節を聞かぬことはなかつたものでしたが、このサワリの親しまれる由縁は、その平易な、語り出しにあります。「お前と一所に育てられ、三ッ違いの兄さんと、いうて暮しているうちに、情けなやこないの見えぬその上に」と、ここまでの間、歩き歩きながらも、フト軽く口にすべり出る、節らしい節ではないが実に、リズミカルなものなのです。清元、常磐津等が関東のアクセントが節の基準であるように、義太夫は関西のアクセントが基準の節調になつておりますが、その中でも、この壺坂のサワリが、いちばん郷土のアクセントを如実に節にしております。名人豊沢団平の苦心の程がうかがわれます。

特に耳にとめる所は、沢市が寂しく弾唄いの、やるせない表現の声のつかい方、また、その間の三味線の弾き方、眼にとめる所としては、盲目の間の沢市と、開眼後の沢市との顔の遣い方、お里の谷間を見下した悲痛な形容等、芸術的鑑賞価値充分といつたところでしょう。

寛文年間大和高取城下に住む盲人の沢市が、妻のお里が良人の眼の開くように、壺坂の平等王院南法華寺（新義眞言宗豊山派）の本尊なる千手観音（大宝三年弁基上人作）に三ヶ年間、雨の日も雪の朝も怠らず日参して大願なし、大願の満つる日に至り、旧態依然として盲目なるので或は恨み或は失望したが、偶ま沢市がお里に手を引かれながら参詣しての帰途後より「沢市」と呼ばれるので顧るや両眼忽ち開け、四方隈なく見るを得るので、且つ驚き、且つ喜んだという伝説を、浄瑠璃に脚色したものである。

第四、夕霧伊左衛門 曲輪嫜

吉田屋の段
豊竹松太夫
三味線 鶴澤清六
ツレ 鶴澤清友

人形役割

吉田屋の段
藤屋伊左衛門 桐竹亀松
若い者 吉田万次郎
若い者 吉田淳造
喜左衛門 吉田兵次
扇屋夕ぎり 吉田栄三
女房おきさ 吉田光次
太鼓持 吉田常次
家内の者 大ぜい

—解説—

藤屋伊左衛門は、恋する夕霧に一目合う為、人目を忍ぶ見すぼらしい身なりで、吉田屋を訪れます。折しも隣座敷では、阿波の客人と語らい合つている夕霧の声がします。チレツタがる伊左衛門の前に、やがて夕霧がその姿を現わし口説きます。伊左衛門は万才傾城と夕霧を罵りますが、その個情が分つて心が解けます。そうするところへ、藤屋の親元で勘当免し、夕霧の身代金八百両が二人の前に積まれ皆々喜び祝う中に目出度く幕となります。

「冬編笠の赤ばりて」と、松太夫の語り出し「忍ぶとすれど古への」で声が止まる。と清六の三味線が、宮薗という節の合の手となる。それにつれて、紙子姿の伊左衛門が編笠を目深にかぶり、寒そうな中にも浮き浮きとした足どりで出て来ます。と「花は嵐の頭に今日の寒さを喰しばる」の繊細な節廻しと共に、それを色づける巧緻な三味線、渾然、三味一体となつて、吉田屋はすでに始まりから、心良く、耳を楽しませ、眼を喜ばしてくれるものであります。表口から座敷に移る舞台持りの間、舞台裏から聴えてくる、十二月という三味線の音、舞台は餅かざりなど華やかに、せち辛い浮世を忘れてしまい、伊左衛門の駄々ッ子振りも、嫌味にならず、憎からず、いつか吾人も共に伊左の心の中に溶けこんで陶然としてしまいます。殊に、奥になつて、近松の作といわれる夕霧文章の名文の間に至つては、節の粋を集めた曲の極致、太夫、三味線共に三昧境に入つた時こそ、観客もいつか夢幻の世界に引きいれてくれるでしょう。夕ぎりの口説の間伊左衛門が、炬燵を右に運び、左に置きかえ、散々すねまわる人形の面白さをうんと楽しんでもらいましょう。

(4)

『壺坂観音霊験記』（澤市内より壺坂寺の段）で師匠のツレ弾き

第二部午后四時四十分開演（十二日より昼の部に上演）

第一、義経千本桜

道行初音旅より川連法眼館の段まで

川連法眼館の段

中	竹本南部太夫
三味線	鶴澤清八
後	豊竹松太夫
三味線	鶴澤清六
ツレ	鶴澤清友

道行初音旅

静御前	竹本雛太夫
狐忠信	竹本静太夫
	（豊竹宮太夫 竹本長子太夫
	（竹本織部太夫 竹本織の太夫
初舞台	（竹本津の子太夫 竹本相子太夫
三味線	豊澤広助
	野澤吉三郎
	鶴澤友十郎
	豊澤新三郎
	鶴澤清好
	鶴澤藤之助

人形役割

道行初音旅

静御前	桐竹亀松
狐忠信	吉田玉男

川連法眼館の段

源義経	吉田玉男
亀井六郎	吉田文昇
駿河次郎	吉田常次
佐藤四郎忠信	吉田光次
静御前	吉田玉五郎
狐忠信	吉田玉助

―― 解　説 ――

「恋と忠義は何れが重い」と賑やかな声調にのり、千本桜道行の一幕が展けて来ます。「大和路さして」というところで急テンポの三味線の合の手になりますが、一糸乱れぬ鮮かさは、絃楽としての司であり、その重厚な太棹の音律は、文楽を訪れる外人の等しく讃歎激賞するところであります。合の手が終ると紅白の幕が落され、一目千本の吉野山の舞台を背景に桐竹亀松の静御前が義経より預りの初音の鼓に興じています。その音に招かれるのが如く白狐が現われ、やがて、吉田玉男の早替りで忠信となり、壇の浦の想い出話、合戦の当時をしのぶ所作に、一幅の名画が浮き出されます。やがて二人は義経のもとへ急ぐのですがロマンチックなこの道行は、吉野山として舞踊会等で広く皆さんに馴染のものであります。

引き続いて、川連法眼館の段ですが、川連法眼の館にいる源義経のもとへ佐藤忠信が尋ねて来る（これは眞の忠信）直ぐそのあとへ同じく忠信が（これは狐の化身）静御前同道にて参着する。意外の二人忠信の出現に眞偽に迷う義経が、静御前より同道の忠信がいろいろ不審の点あるを聴き、その詮義を静御前に仰せつける。これが川連館の段の中の場にて、幕内用語で「八幡山崎」の場と呼ばれる、やかましいところです。「八幡山崎」というのは、「山幡山崎おぐらの」里という文章の箇所が太夫の楽しく、むつかしく、また名調のところであり、この場の中心のゆえに、引用されこの名があります。美声の南部太夫が、清八の妙音に伴われ、充分楽しむことでしょう。

後の段は、これも文楽座の美音家としての松太夫と名手清六の持場です。静の鼓に引かれ姿を現わした白狐が、義経の情けに、親狐の皮の鼓と共に、源九郎狐の名を与えられ、喜んで古巣へ帰るという。千本桜中での最も皮肉な、狐忠信の一段です。「初音の鼓は私が親、私はその鼓の子」と、人間ならぬ野狐にも親子の情には変りなしと、悲しく物語る一節には、童話的な、狂言綺語と知りつつも観る人聴く人も異常な感激にうたれ、思わず涙を誘われます。太夫には狐の言葉癖、三味線にもそれらの約束の節詞、勿論人形にも、その習性をとり入れた動作があります。それらは皆、幾代もの巨匠達により、それぞれ苦心研究された尊い芸術良心の精華でもあります。見落しなく聴のがしなく鑑賞しましょう。

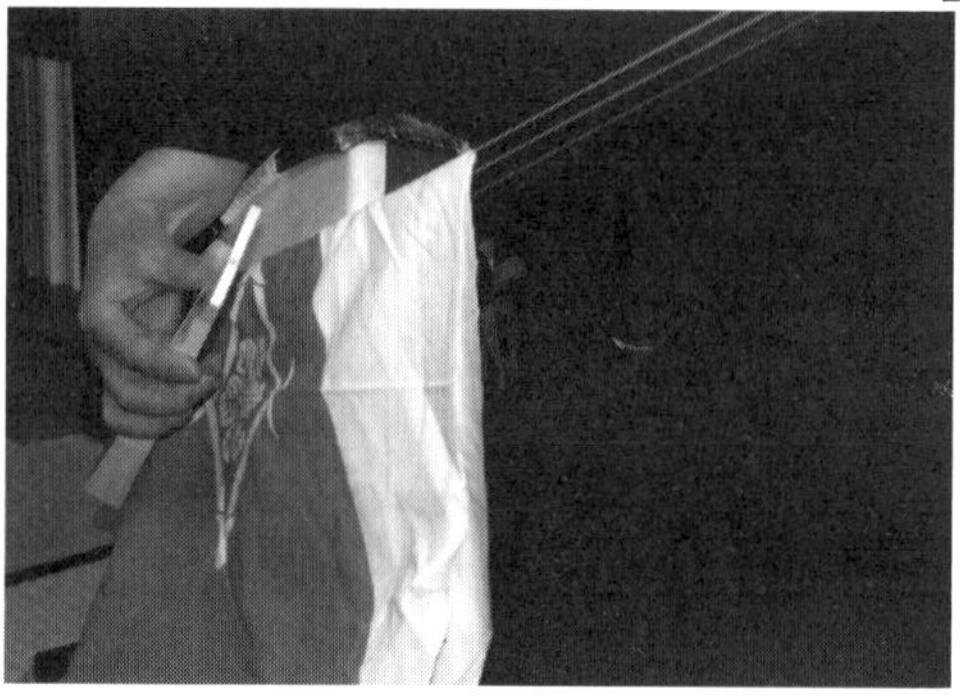

手ぬぐいを一の糸にかけて三味線の「頬被り」。

●三味線の頬被り

しゃべっていると汗が…。いまこの手ぬぐいで思い出しましたけれど、入門当初、次の公演に備えて楽屋でお稽古をして居ました。大部屋ですから、先輩方がそこら中にいらっしゃる。「うるさいなぁ」「やかましいなぁ」って。三味線弾きはいいんですが、太夫方が「あぁ〜飯、食おうと思ってたのに、ご飯も喉通らへんわ。うるさいなぁ！」とくる。

怒られるんですけど、こっちもやらないと覚えられない、必死です。そこでしょうがないので「頬被《ほおかむ》り」する。「頬被り」っていうのは、三味線の糸に手ぬぐいで頬被り。この一の糸のところへこうして、位置を段取るだけ。「腕固め」ともいいます。ウォーミングアップですね。音がしないように、こう頬被りして。

だいたい日本の芸能と言いますと、元は民俗芸能ですね。お神楽だとか、神事から来ているものも多い。宗教的なも

名古屋タイムズ

定価一ヶ月120円・一部（4頁）4円（8頁）6円（第三種郵便物認可）

文樂に新しい時代を

◇◇◇ 笠寺生れの竹沢團二郎 ◇◇◇

「暇があったら寝たいだけ」と取材で語っている内弟子時代。

の。宗教芸能、声明とか説経節です。お坊さんが説教するのに節をつける「説経節」は今でも残っています。

それから外来芸能。宮内庁の雅楽なんて朝鮮半島と大陸の音楽です。だから文楽にもそういう名称が残っています。「ノリ」とか「コオクリ」とか、完璧に朝鮮半島や大陸の言葉なんですね。

韓国の古典音楽の名称で「ノリ」というのが沢山あります。「〇〇ノリ」。文楽で「ノリ」といいますと、たいてい人物が出てくるときとか、物語の始まりとかなんです。一番有名なのは『絵本太功記』十段目で光秀が、

〽夕顔棚のこなたより、
現れ出でたる武智光秀～

（これが「ノリ」です。）

「言葉ノリ」というのは「何が何して何とした…」というような「手」（三味線の音や旋律）がつく。

〽何が何して何とやら、

戎橋で「街頭写真屋」に撮られ、無理やり買わされた一枚。

何が何して何をした
これが「言葉ノリ」です。「説経節」という手もいくつかあるんです。

私が解釈するに、この「説教」という手は「祈り」の手だと思うのです。これは作曲者がどういう意図で作ったかというのとは関係なく、自分で意味付けることなんです。

●一撥《いちばち》も無駄なものはない

私の師匠が「義太夫の三味線は一撥も意味のないものは無いぞ。全部意味があるんだ。作曲者がどうであろうと演奏者が自分で意味付けろ」と、よくいったんです。意味をつけたら弾けるようになるし、その義太夫も生きてくるんです。とにかくなんにでも自分で意味付けてやれという師匠の教え。

評論家の先生、学識者の先生、よく理屈で言いますけど、我々は理屈を言いません。大きな理屈ですと東風だとか西風だと区別しろ、はっきりしろと言われるんですね。

西風は貞享元（1684）年に竹本義太夫と我々三味線弾きの祖先である竹澤権右衛門や近松門左衛門が協力して起こした竹本座。これが道頓堀の西にあったので「西風」。それから約二十年ぐらい経ってからでしょうか、豊竹座ができました。竹本の義太夫をもっと豊かに語ろうとかいって「豊竹」と名付けた。これが竹本座より東にあったので「東風」。

竹本義太夫、竹澤権右衛門、みんな「竹」をつけておりますけど、竹本座を興すにあたって竹屋庄兵衛というオーナーがいました。その人と、竹本義太夫は義兄弟の「義」を結んだ。「義」を結んだということで竹本義太夫。それから三味線の開祖である竹澤権右衛門も竹屋庄兵衛の竹の一字を取っています。

一六〇〇年代に盛んに語り物音曲が流行りだしました。その一番最初が、小野於通《おののおつう》という人が書いた『浄瑠璃姫物語』と言われています。ですから、それ以後の、語り物音曲のことを「浄瑠璃」と呼ぶようになったんです。

内弟子の頃に、お正月になりますと必ず一本の掛け軸を床の間に飾ります。その掛け軸は有名な画家が描いた絵で、「七功神」とか、「八功神」いう名前がついています。

＊「音曲名人像」（大阪歴史博物館蔵）
右上から順に
・澤住検校
・小野於通
・近松門左衛門
・西宮百太夫
・竹本義太夫
・豊竹若太夫
・竹澤権右衛門
・辰松八郎兵衛

左上に小野於通が描いてあって、右奥には三味線を弾く澤住検校《さわずみけんぎょう》。この人は語り物音曲に初めて三味線という楽器を取り入れた人です。ですから我々三味線弾きの開祖も澤住検校の「澤（沢）」と竹屋庄兵衛の「竹」をとって「竹澤（竹沢）」とした。その下に烏帽子姿の近松門左衛門があって、坊主頭の竹本義太夫の絵があって、三味線を前に置いた竹澤権右衛門がいる。最後が初めは小さな人形だったのを三人遣いの大きなものにした辰松八郎兵衛。それと豊竹若太夫、これで七功神です。

右に参考にあげた「音曲名人像」は「八功神」ですね。これには西宮百太夫が入っている。西宮神社から「恵比寿回し」や「恵比寿舞」とか「恵比寿舁《か》き」といって胸の前の小さな箱に人形を入れて恵比寿信仰を広めた傀儡師の最初なんですって。いまも西宮には百太夫神社があるようです。

私としては、ぜひとも植村文楽軒を入れたいんですけどねぇ。今の文楽の名前も彼の作った「文楽座」からですからねぇ。

●本公演以外のお仕事

１９７０年の大阪万博の時に会場へは４、５回行きました。すべて仕事で行ったのですが、でも文楽の公演ではありません。文楽以外のことに義太夫三味線を使われたんですね。

一回は私の師匠と一緒に行きました。三味線組曲みたいな、三味線で文楽にある曲のメドレーをやって欲しいと言われたんですね。その演出が武満徹さんなんですね。「それとそれを組みわせて、そのあとにそれをもっていきましょう」と。ただそれだけなんですけどね。（大阪万博で武満徹は「鉄鋼館」の音楽監督だった。）

もう一つ有名な監督で…ええ〜と、名前が出てこない…、あっそうそう市川崑監督。

市川崑さんとは、万博以前に、長谷川一夫さんの映画出演５００本記念で、『雪之丞変

「三越名人会」での素浄瑠璃の会。「壺坂観音霊験記」を四代目竹本津太夫師と。

化』を撮ったんです。その冒頭のシーンで長谷川さんが踊るシーンで三味線弾いて欲しいって、うちの師匠と私がツレ弾きで三味線弾いて、それから市川崑さんと師匠は仲良くなったんです。

その時の仕事は影絵芝居『鶴の恩返し』。鶴が自分で羽を抜いて機を織るところに、義太夫の三味線でメリヤスを使いたいということでした。「どうしても彌七さんに頼みたい！」と。そこで師匠と私が行きまして、いろいろ弾きました。師匠も機を織る場面だけと思い込んでいましたから、いくつか作曲して持って行った。

ちょうど機を織る所のメリヤスで、「チャンチャチャンチャン、チャンチン、チャンチン、チャンレンチリチリツン」ってあるんです。それを弾いてみたけど、どうも市川崑さんは気に入らない。『ほかに文楽にあるものはないか？　聞かせてください』と。

いろいろやりましたよ。師匠が「あれがいいかな？　『菅原伝授手習鑑《すがわらでんじゅてならいかがみ》』の佐太村茶筅酒の段」。女房三人がいろいろご飯ごしらえをするところのメリヤスがあるんです。「これなら、いいだろう」って、師匠が私の顔を見るんですが、市川崑さんは気に入らない。師匠が終いに怒り出しましたね。「いったい、何が気に入らない！　おいっ、和夫。野崎（『新版歌祭文』野崎村の段）でもやったろか！」と。私も「やりましょ、やりましょ！」と。

「野崎村」の段切…「チャンチャン、チャチャチャンチャン、チャンチャン、チリツツ、チリツツ〜」これをねぇ、怒っているから、「パーン、パーン、パパパン、」って、さぁ、すごい勢いで弾いたんです。

二人ですから、そりゃもう激しく、めちゃくちゃです。それをずぅっと最後までいっても、全然、監督の顔が見えないんです。

あの人、いつもベレー帽をかぶって、いつもタバコをくわえていた。ガラス張りの向こうのミキサー室ではベレー帽とタバコの煙しか見えない。そしたらミキサー室に顔が上がって来たんです、だんだん。師匠と私は心の中で「どうなってんだ？」

師匠と二人でやけくそで弾いてました。そして顔がはっきり見えたところで、市川崑さん、モニターからは「それがいいです。それでお願いします！」と。

師匠と私、顔を見合わせまして「えっ、これがいいの？　どうして？」と。私どもは「野崎村」を弾きだすと、川があって、堤の上に駕籠、川に屋形船のお染。その姿しか頭に出てこない。そういう先入観がない市川崑さんには、それがとっても良かったらしくて、それでその影絵芝居を上演されたんです。

何日か経って、師匠が「どうも気になるから、いっぺん見てくるわ」と。それを観に行った。帰ってきた師匠に「どうでした？」と聞いたんですね。そしたら「面白い。すごく面白い。どうして面白いのか訳がわからない」と。とにかく面白かったらしいです（笑）。

私どもには先入観というものがありますから、違う仕事をするときには考え方を真っ白にしなきゃいけないなぁと思ったんですよね、そのとき。

『新版歌祭文』といえば、私が三十歳ぐらいの時ですかね、勉強会で「野崎村」を一段弾かせてもらえることになって、呂太夫（五代目）くんとやったんですね。師匠に稽古をしてもらって、最後のところで、ここになったら嬉しくてほっとしますでしょ。嬉しくて楽しくて。テンション上がって演奏していると「やめっ！」と。

「何を弾いてんねん。お前、弾いているところの舞台状況わかってるんか？　どうなってる、言うてみぃ！」

素浄瑠璃「八岐大蛇」。竹本綱太夫、三味線「竹澤彌七・團六・團七」（上段）、小鼓：藤舎呂船、笛：藤舎推峰（芸名は当時のもの）。

「あの…、久松が駕籠で、お染が船で…」

「わかってんねや！　わかってんねやったら、それ弾かんかぁ！　お前が弾いているのはなぁ、オートバイとモーターボートじゃ！」

上手いこと言うなぁと（笑）。そういう怒られ方をしましたけど、大阪万博で師匠と一緒にやったのは、まさにそんな弾き方でしたねぇ（笑）。

そのほかにも、昔は随分面白い仕事がありました。NHKの民謡番組なんかにも出ましてね。ディレクターが「文楽で民謡ってありますか？」って聞くから「民謡もあります」って返事した。『生写朝顔話《しょううつしあさがおばなし》』の「笑い薬の段」に民謡が出てくる。「それ、やりましょう」」。

私が三味線弾いて、当時人気だった原田直之さんていう人が歌ったこともありました。
それから永六輔さんが演歌と義太夫の接点を見つけようと（あんまり面白い話じゃ無いかもしれませんが…）、都はるみさんを呼んで来て、彼女に義太夫をやらせようって。何をやらせるんでしょうねぇ（笑）。都はるみさんの歌を義太夫にしてやらせようということです。私に作曲してくれと。いい加減に作曲してやりました。すごく勘のいい人で、二、三回聞かせたら覚えました。どんなことをやったかと言いますと

〽あなた変わりはないですか。日毎、寒さがつのります。
着てはもらえぬセーターを、寒さこらえて、編んでまぁ～す。
（「北の宿から」1975年12月1日発売　作詞・・阿久悠／作曲・・小林亜星）

永六輔さんが「こりゃ、いいわ！」って、一人喜んでいた。

文楽芸談

【第4章】地方巡業

●地方巡業エピソード

地方巡業は、昔はたいてい日本旅館で師匠たちは二人部屋でした。若いものは大広間で雑魚寝ですよ。ある時、朝の五時ごろに起こされ、汽車に乗せられて公演地に移動して、公演して帰ってきたらもう10時です。冷めたご飯を掻き込んで、風呂もろくに入らないで寝てしまうんですね。先輩がいっぱいいるのに「お先に！」って寝てたんです。そしたら、もう亡くなりました竹本伊達太夫*さんが馬乗りになってきて「お前は寝るな！　一杯付き合え！」ベロンベロンに酔っ払ってて。「そんな気狂い水、呑めるか！」って取っ組み合いの喧嘩したんです。伊達さん、先輩ですよ。一応、そこは収まって寝たんです。次の日、團六（七代目寛治）さんに諭されました。「あんなぁ、文楽っていうところはなぁ、誰かが喧嘩してるやろ。偉い人が来ても喧嘩の理由なんか絶対聞かない。『お前とお前とどっちが先輩や。お前が後輩か。ならお前が悪い』。そういう社会だぞ。先輩相手に喧嘩はするな」そう言われましてね。大変なところだなぁ…、ここは民主化できないんかな…（笑）、そう思ったことはありましたねぇ。

でも、その伊達太夫さん、私は大好きな人だったんです。良い人でした。その喧嘩したすぐ後、東北の山形かどこかで「寒くて寝られんなぁ」と言ってたら、伊達さんが、「團二郎くん、ちょっとええとこ、行こっ！」

＊竹本伊達太夫（1928〜2008）淡路島出身。素人義太夫で活躍し、1950年、竹本伊達太夫（四代目）に入門。伊達路太夫を名乗り、豪快な語り口で知られた。後に鶴澤寛治（六代目）に師事。1963年に五代目竹本伊達太夫を襲名。

「どこ、行くんですか？」

「どこでもエエがな。ちょっと来いや」

旅館の丹前着て、素足に下駄を履いて。外は雪が積もってるんですよ。それで、付いて行ったんです。行ったところが、最初に「お」がついて、最後に「ろうや」が付いたところ。「ろうや」といっても監獄じゃございません（笑）。「お女郎屋」。いまでいう風俗産業ですね。

まぁ、面白い人でね。そういうところへ行くの大好きなんですよ、伊達さん。良い人でした（笑）。

また、ある時、伊勢の方の巡業先だったと思いますが、伊達さんが一人で遊びに行ったんです。旅館の浴衣だし、朝早くに汽車に乗らなきゃいけないのに、旅館に帰ってこないんです。酔っ払って、そこで寝込んじゃったんでしょうね。

「こりゃ汽車に間に合わないだろうから、着るものやら履物やら、みんな持っていってやろう」ということで、みんな持って汽車に乗り込んで待っていたんです。そしたら宿屋に帰ったのか、直接汽車まで来たのか、誰かが連絡とってやったのかわからないんですけど、汽車が動き出してシューポッポって聞こえた頃に、向こう側の線路伝いに浴衣を尻からげして、下駄を手に持った人が「お〜い、待ってくれぇ〜」（笑）。

まるで、「こうもり傘を忘れた山下清」ですよ（笑）。「待ってくれぇ！」なんて、汽車は待つわけない。それでもね、なんとか間に合いました。そういう面白い人でしたねぇ。

●地方へ、海外へ

ここ最近、私はあんまり行きませんけど、文楽は地方巡業も海外公演にも結構行きますね。昭和37（1962）年に文楽が最初の海外公演。あれはモントリオールで万博があった。それに参加して、ついでにカナダ・アメリカ公演。その時は、私は連れて行ってもらえない。なにせ、参加した三味線弾きが「寛治・喜左衛門・松之輔・彌七・勝太郎・團六・勝平」とこれだけ。大変なんです、当時の一番上から順番なんですから。年功序列で私たち若手は連れて行ってもらえなかった。

私が初めて海外公演に連れて行ってもらったのは、昭和48（1973）年のアメリカ・カナダ公演。これはねぇ、行って帰ってくるのに60日。その時分、そうですよ。みんな二ケ月。で、昭和49（1974）年にヨーロッパ公演に行った。その時も60日。なぜかっていうと、パリの公演が4週間。ずっと満員でした。あと、ウィーンとローマと。それだけで、行って帰るのに60日。

私が最初に行ったアメリカ公演は、ワシントンの有名なケネディセンター。大中小と3つホールがあって、そのうちの中ホールでやることになった。すごく大きいんですよ。

（七代目）竹本住太夫兄さんに「君らが床にいると綺麗やなぁ」と言われた、五代目呂太夫（左）と。リンカーン記念堂（ワシントンD.C）にて。

2000人ぐらい入るコンサートホール。客席をカーテンで仕切って使ったんです。

そこでね現地スタッフの段取りのための舞台稽古をしていたんです。稽古を始める時に、向こうのスタッフが、「床」へ声をかけた。その時の「床」メンバーは、あの豪快な声の竹本津太夫師と野澤勝太郎《のざわかつたろう》*（二代目）師。二人で「俊寛」*をやったんです。

その稽古を全部やる前にスタッフが来て、「どことどこに、幾つマイクを置きましょうか?」と言って来たんですね。津太夫さんは「そんなもん、要りません」と。

生まれてから此の方、マイクを使ってスピーカーでお客さまに聞かせたことはない。そんなものは要らないと通訳の方が伝えたら、向こうのスタッフが「そんなバカなことはない。これだけ区切っても1000人が入るホールだ。そこで一人の声と一本の楽器で隅々まで聞こえるはずはない。そんなバカなことはあり得ない」と、怒るんですよ。だからマイクをどこへ幾つ置こうかと。

津太夫さんが今度は怒り出して、「絶対マイクは使ったことがないんだから、じゃぁ、ひとまずやってみるから。演奏するから見とけ! みんなで、そこらじゅうへ散らばって聞いてくれ」って。

そうしたらスタッフ10人ぐらいが劇場のあちこちへ散らばって行った。そこへ勝太郎師の豪快な三味線が「テ〜ン、テ〜ン」、「うううぉ〜」と津太夫師匠の声。

---

*野澤勝太郎
（1912〜1996）
1924年に野澤勝平に師事。勝平は後の喜左衛門。四ツ橋文楽座にて1930年に初舞台。一時、師匠の勝平とともに新義座に参加。文楽が二派に別れた時には三和会所属。1974年から四代目竹本津太夫の相三味線となって豪快な音色を聞かせるが、2年後に病に倒れる。

*「俊寛」
近松門左衛門作の『平家女護島』の二段目切の「鬼界が島の段」が通称「俊寛」。

四代目竹本津太夫師の相三味線を昭和 56（1981）年から勤める。

そしたらものの10分もしないうちに劇場内のスタッフ全員が、頭上に大きく手を回して「ＯＫサイン」を出した。これは私の自慢話なんです。あのとき写真でも撮っておいたらよかったなと、いま思いますよね。

竹本津太夫師匠といえば、私の師匠竹澤彌七と同等に恩があります。

当時、文楽社会の中で津太夫師は最高の良識と人格を持った方だと私は尊敬していました。私を相三味線に決められて記者会見を行った時、津太夫師は、記者の方を向かずに私の方を向いて「わてと一緒に勉強しまひょな」といわれた。その言葉が生涯忘れられない。

また、津太夫師が亡くなったあとは、息子の緑太夫くんと一緒にやりたかったのに、

東西ドイツを分けていたブランデンブルグ門にて。

40歳代の若さで逝ってしまった。今生きていたら、現呂太夫くんと競っていただろうに。この年は、ちょうど2000年。一月に緑太夫、3月に相生太夫くん、9月に先代呂太夫くんらが立て続けに亡くなり、悲しい年でした。皆、舞台の相方であり、友人でもあったのです。

●命がけの国境通過

東ベルリンにも行きました。初めて共産圏へ入ったんです。東ドイツ。その前にプラハ。プラハに入る時が文楽がはじめて東側へ入る時だった。だから怖かったですよ。私は次の公演の勉強のために、こんなちっちゃなカセット・プレイヤーを持っていた。そしたら「なんだ、これは?」って。音鳴らしてちゃんと説明しろって。で、音を鳴らしたんですよ。そしたらね伊達太夫さんの義太夫が入っていたんですね。後ろから伊達さんが、「なんでわしの声がすんねん！」って怒ってた（笑）。

公演自体は、なんの問題もなく気持ち良くやりましたけどね。出る時も怖かったですよ。バスがブランデンブルグ門をくぐる時がね。西側へ出る時に女の兵士が二人乗ってくるんですよ。一人が「パスポート、パスポート！」って。ひったくるように取って、ジィ～と顔と見比べて、投げるように返す。もう一人の兵士は、機関銃を一人一人にいちいち向けるんですよ。怖いったらありゃしない（笑）。亡命する人に潜り込まれて出国されたらえらいことですからね。それでね、歯医者さんが使う、棒の先に裏側を見ることができる鏡のついたやつがありますよね、あれのどでかいヤツを持ってきて、バスの車体の裏側も調べてました。東ベルリンでの公演のとき、舞台進行の手伝いや、私たちのお世話をしてくれた学生さんがすごく綺麗な日本語を喋っていたんです。不思議に思って、彼に「国交もないのに、なぜそんなに日本語が上手に話せるの？」って聞いたら、「今は国交はないが、将来必ず自由に行き来できる日が来る。そう思って大好きな日本の文化と言葉を勉強しています」って。これには感動しましたね。そして、そうなったんですからねぇ。

ソ連（現ロシア）からはね、しょっちゅう招待があったんです。来てくれ来てくれって。でも行けない。なぜ行けないかっていうと、ソ連からは文化使節っていうと、ボリショイ・バレエとか、ボリショイ・サーカスって、じゃんじゃん来るじゃないですか。あれはねぇ、往復の飛行機は国が出してくれるんですよ。日本は出してくれないんです。だから行けない。一番高くつくのが往復の飛行機代。日本は出してくれないから行けない。

そのころの文楽の知名度は世界的にも結構あったと思います。

日本人でも誰でもシェークスピアは知っている、外国人でも近松門左衛門を知っている人は多かったと思います。日本人がシェークスピアを知っているほどじゃなかったけど。だから近松物が掛かった。そうなると、どうしても「心中物」になるんですよね。私も行ったパリの公演の時に解説する人がね、困った、困った、困ったって言うんです。何を困った、どうしたんですかっていうと「どう、うまく内容を説明していいかわからない。心中を説明できない」って。心中っていう言葉もなきゃ、事柄もない。『曽根崎心中』ったって、なんだこれはと、訳のわからない題名になると。心中を説明しないことにはどうにもならない。必死に考えているんですけどね。あくる日、当日になって、どういうことになりましたって聞くと、「これはねぇ、複数による自殺としか言いようがない！」って（笑）。

日本だっておかしいでしょ、心と中と書いてるのが、愛人同士、死ぬことだなんて。でも、最初から理解しちゃうんですよね日本人は。そういう言葉なんだって。そういう事柄なんだって。不思議ですよ、日本人の言葉、ふっふっふっ。情で理解しちゃうのかなぁ。なんだかわかんない。まぁ、言霊みたいなもので理解する部分がかなりありますよね。文字面よりもね。

海外公演は長丁場なのでいろいろありました。ホームシックになる人もいたりしてね、左の写真はねぇ、昭和51（1976）年の3度目のヨーロッパ公演で、ストックホルムの公園で休んでいたら、簑助さんがね「團ちゃん、もう家へ帰りたい」って。泣きが出たんですよ。

ホームシックな簑助兄さんとストックホルムの公園で。

●さまざまな交友録

簑助さんといえばずっと先輩なんですけど、なぜか私を可愛がってくれてどこかに連れて行ってくれたり、一緒によく遊びました。「團ちゃん、行こう！」って誘いに来てくださる。

あの頃は「敬ちゃん、敬ちゃん」って言ってた山下敬二郎＊。柳家金語楼の息子ですよね。敬ちゃんのお姉さんがやっているクラブにも簑助さんが連れて行ってくれましてね。

簑助さんは面白い知り合いがいっぱいいま

＊山下敬二郎（1939〜2011）東京都生まれ。歌手。平尾昌晃やミッキー・カーチスらとともに「ロカビリー三人男」と呼ばれ、日劇ウエスタンカーニバルなどで絶大な人気を誇った。父は落語家・喜劇俳優で有名な柳家金語楼。

したね。一度、銀座の音楽クラブみたいなのに連れて行ってくれた。そしたら簑助さんに横から挨拶しに来た人がいて、誰だろうなと思ったらハナ肇。それからねぇ、三越の劇場で公演しているときにねぇ、簑助さんを訪ねて来た人がいて、誰かと思ったらカルーセル麻紀だった（笑）。ほんとにあの人は面白い付き合いの多い人ですねぇ。

簑助さんはコペンハーゲンでも、私の部屋に入って来て「團ちゃん、どこかへ遊びに行こう」って。ちょうど今の桐竹勘十郎くんが吉田簑太郎のころで、あだ名が「トン」だった。トンちゃんも連れて行こうとなった。三人でどこへ行ったかというと中華料理。中華料理だったらメニューが漢字で読めるからなんとか料理名がわかる。お腹が大きくなって、さて次にどこに行ったかというと、そのころヨーロッパで解禁になっていたポルノ映画館（笑）。ひとしきり鑑賞しました（笑）。そして、出た途端に簑助さんが「團ちゃん、トンには刺激が強すぎたかなぁ」ってささやくんです。当時は勘十郎くんもまだ若かったですからねぇ。そりゃ、びっくりしたでしょうよ。悪いことしたのかなんなのか（笑）、そんな思い出もありますね。

また、当時文楽で仲の良かったのは五代目呂太夫と相生太夫ですね。文楽以外だと俳優の小林勝彦＊。そうそう、当時は大映でしたね。先代、つまり三代目市川段四郎の息子。お母さんは赤坂の芸者さんでした。私の結婚式にも来てくれたし、私もよく楽屋へ遊びに行っ

＊小林勝彦
（1937〜2005）大映東京のニューフェースでデビューした俳優。映画を離れてからは声優でも活躍。大映京都では本郷功次郎・林成年らと共演。立川談志・毒蝮三太夫らと親交が深く、死の床へ見舞いに来た談志がベッドの傍らで落語を演ったという逸話もある。

てましたねぇ。一度、大きな段ボール箱が彼から楽屋に届いて、なんだろうと思ったら栄養ドリンクがいっぱい入っていた（笑）。

それから仲が良かったのは芳村伊十七《よしむらいそしち》＊。長唄の名手芳村伊十郎のお弟子さん。途中から長唄よりも「大和楽《やまとがく》」の方に力を入れていたのかなぁ。立三味線ということもあったけど唯一の男性だったからですかね。

「大和楽」というのは昭和16（1933）年に大倉財閥の二代目の総帥・大倉喜七郎が「今までになかった全く新しい日本音楽」を作ろうとはじめたものなんです。三味線音楽に西洋式のハーモニーや輪唱・ハミングまで採り入れて、三島麗子（のちの大和美代葵）なんかが出て人気となった。その芳村伊十七（大和久満）が昭和44（1969）年に立三味線と作曲家として大和楽に入った。そんな関係で、私の作曲したものが「大和楽」で発表されたりしていました。

歌舞伎界で一番よく遊んだのが片岡秀太郎＊・片岡孝夫＊兄弟。この二人とは本当によく麻雀して遊びました。孝夫ちゃんと呼んでいましたけど、「孝夫ちゃんには麻雀を負けた覚えがない。だけど秀太郎くんには勝った覚えがない」（笑）。兄弟でも面白いですねぇ。全然性格が違う。孝夫ちゃんは性格がスパッとしているので何を狙っているかがすぐわかる。

私が伏見に住んでいた頃、南座の舞台を終えた秀太郎くんが車でうちまで来て「麻雀や

＊芳村伊十七（1938〜2013）8歳から三味線の稽古をはじめ、16歳で芳村伊十郎に入門。分裂後の「大和楽」の初代大和美代葵（三島麗子）に請われて大和楽へ。大和久満の名前をもらって理事長に就任。1987年に二代目家元を襲名。

＊片岡秀太郎（二代目）（1941〜）

＊片岡孝夫＝（十五代）片岡仁左衛門（1944〜）

ろう！」って。私が「やろう、やろう、じゃぁ上がって」って言ったら、「違うねん、うちで嫁はんが待ってるねん」と。それからまた車で伏見から彼が住む千里中央まで。そこには当時奥さんだった高田美和が待っていた（笑）。彼女も麻雀が好きでしたねぇ。

業界は違うけれど良くお付き合いしてるのが名古屋の舞踊家の西川右近。私がねぇ漫談みたいな「口三味線の会」を中学のクラス会で話すことになって、名古屋のちょっと由緒のある「東山荘」で演りました。そこが右近さんの稽古場のすぐそばだったので、携帯に連絡して、「明日、お宅のすぐ近くでこんなこと演ります」っていったら、「えっ、いま富山なんだけどすぐ帰る」って、あくる日に来てくれた。それからとっても話が面白いし芸事の勉強にもなるからって、西川流の一門やら関係者に聞かせたいからっもういっぺんやってって言ってくださった。

それから二ヶ月ほど経って、また由緒ある料亭で演ったんです。その時に右近さんが「今日、珍しい人が来てますからね！」って。誰だろうと思ったら、その頃日本舞踊を習っていたフィギュア・スケートの浅田真央ちゃんだった。ええ、携帯に写真が入ってます（笑）。

●海外公演で覚えた珍味

文楽以外でも海外へ行きました。文楽より面白い公演でね。民音*が主催していた会でし

＊民音（民主音楽協会）1963年に設立された音楽文化団体。創価学会の池田大作会長の肝入りで作られた。世界各国との交流は100カ国を優に超える。

左から２人目藤舎推峰、３人飛んで藤舎成敏。和服女性の左が深海さとみ先生、右が半田淳子先生。右端が豊竹呂太夫。その前列が鶴澤清介と團七。

てね。フランスでのドサ周りなんて面白そうだから行く行くっていって、参加した。それは日本の古典伝統芸能を向こうの学生さん達に紹介するコンサートで、ブルターニュ地方の都市、12~13箇所を周りました。ひと月かかって周った。行ったメンバーは藤舎《とうしゃ》推峰《すいほう》＊と成敏（現・呂船）、五代目呂太夫と私、それから東京芸大を最近退官されたお箏（宮城派）の教授だった生田流の深海さとみ先生、そして鶴田錦史のお弟子さんで薩摩琵琶奏者の半田淳子先生などなど。

それに民音の人が付いてくれた。民音の人といってもヨーロッパ在住でパリなんかで仕事もしている人が2、3人ずっと付いて来てくれていた。長いから食事に出歩くのも面倒だし、彼らがカレーなんかの

＊藤舎推峰（1941~）
藤舎流笛家元である藤舎秀蓬の長男として東京に生まれる。1989年に二代目藤舎名生を襲名。

パリにて東京藝術大学の深海さとみ先生と

食事を作ってくれていた。やがてそれにも飽きて、食卓にザーサイがあったのでふと思いついた。「ご飯の冷めたのはありますか？　熱いコーヒーはありますか？」って。で、冷めたご飯に熱々のコーヒーをジャブジャブかけて、ザーサイをぽりぽり。言うなれば「コーヒー茶漬け」。これがなかうまいんですよ。私が元祖かもしれない。それ以後ウチでも時々やります（笑）。

先日、アメリカ公演に行った時に、呂勢太夫くん＊が「今夜が最後だから、一度真似して見ます」ってやったんだけど、「だめだぁ～」って（笑）。

熱いご飯は絶対ダメ。「冷めたご飯に熱いコーヒー」。そしてザーサイ」。これにねぇ最近、ホテルで辛子明太子があったから試したら、これがまたいけるんです（笑）。

●結婚

私が最初に結婚したのは、昭和37（1962）年でした。「扇の会」というのがありましてね。

＊呂勢太夫（1965～）
東京生まれ。13歳で鶴澤重造に師事。1982年、文楽研修生に編入。1984年に竹本南部太夫に入門。1985年豊竹呂太夫の門下となる。2000年に豊竹嶋太夫の門下となり豊竹呂勢太夫。「咲くやこの花賞」など受賞多数。

娘の桜木星子と

六代目菊五郎のお弟子さんで仲の良かった先代中村勘三郎（十七代目）と先代の尾上菊之丞（二代目）と、名古屋の西川鯉三郎（二代目）と、三人で舞踊の会をやろうと、それぞれ新作もつくろうと。で、北条秀司と川口松太郎と、もう一人菊田一夫だったかな、私が関係したのは、北条秀司が書いた「油屋おしか」。それを中村勘三郎がやりたい、それに文楽の綱大夫・彌七の義太夫と、清元は延寿太夫と栄寿朗とで、両方でやっていた。西川流の名取だったうちの前の嫁さんが出てて、舞台で私たちが弾いている三味線を何人かで弾いているようなシーンがあったんですよ。でね、西川流の名取連中が北条先生に怒られたんですよ。「弾いている真似でもできるようになれ！」と。それで文楽の楽屋へ来て教えてくださいって。それが縁で結婚したのが女房でした。

娘（＝桜木星子／宝塚歌劇団68期生）は宝塚へ行きましてね。もっとも宝塚との縁は、それ以前からあったんです。

天津乙女《あまつおとめ》*さんの舞踊の曲を私が作曲したことがある。天津乙女さんが勲章をもらったお祝いの舞踊会があって、それに戸部銀作《とべぎんさく》先生が書いた「助六物」の作曲をした。宝塚大劇場で演奏をしました。それで天津さんとお知り合いになったんですけど、娘が宝塚に入りたいということになった。

その時、何の気なしに天津さんに「娘が入りたいと言ってまして」といいかけると、途端に「いま、どなたも宝塚の先生方に挨拶回りをするんです。それは止めてください」と。だから私からお願いは一切しなかった。当時、娘は伏見の学校が終わったら、宝塚へ稽古に行って、毎晩遅く帰ってきた。で、首席で入ったんですよ。まぁ、これは自慢できる話ですね。

そうそう天津さんといえば、お葬式に参列した時にすごいものを見ました。

天津さんは安珍清姫とか蛇の出てくる劇もよく演られていたので、蛇の置物なんかがお好きだったそうなんです。そのとき、参列している若い女性やおばさんたちがワァワァ騒ぎ出した。なんだろうと持ってふと見ると、真っ白の大きな蛇が天津さんのお宅の門のところをゆっくり動いていた。そりゃ、びっくりしましたよ。真っ白な蛇でしたねぇ。お屋敷の主だって、みんな言ってましたね。そしたら、家の中から誰か飛んできて「いじめちゃだめぇ！」と、びっくりしましたねぇ。

そのころ宝塚では日本舞踊の会をよくやっていた。それを担当していたのが藤間勘寿朗《ふじまかんじゅろう》＊さん。勘寿朗さんは先代の呂太夫が大好きだったんです。私と一緒にいつも呼んでくださっ

＊天津乙女
（1905〜1980）

伝説の宝塚スター。月組組長。特に日本舞踊の名手で、「女六代目」の異名もとった。妹の雲野かよ子とともに姉妹で宝塚殿堂入りしている。

＊戸部銀作
（1920〜2006）

歌舞伎演出家。早稲田大学演劇博物館を経て国立劇場開場時に制作室長。歌舞伎の復活狂言などを数多く手がける。宙乗りの仕掛け人としても知られる。

て、演奏をやってくれと。

『ベルサイユのばら』でものすごく人気が出てた頃に汀夏子が踊った時には、原題は『那須与一』なんですが『扇の的』という師匠の彌七が作曲したものを私が弾いたこともあります。踊りの会の義太夫だけじゃなく、バウホール公演の『夕霧伊左衛門』の中で、私が豊本節で作曲したものを姉が歌ってくれて、それを録音したものを使いました。そのころ仲良しだった戸部銀作先生。よくおうちに行ったこともあるし。戸部先生が私に宝塚の仕事を持ってきてくれたんです。

面白い話といえば宝塚で何かのパーティがあって、専科の人たちや演出の先生方と談笑してた。その方達には「お師匠さん」と呼ばれてた。、そこへ娘の同期で一番仲の良かった子がやって来て「お～い、和夫！」。宝塚では、私は「和夫」で通っていた。はっはっはっ。

●他流試合

まぁ、文楽以外でもいろいろやりましたねぇ。もっとも歌舞伎の方とは普段からお付き合いがありましたけどねぇ

最近ではＮＨＫの『ちかえもん』（２０１６年）かな。あとでくわしく話しましょう（第６章参照）。以前にも映画やテレビドラマなども出演は2、3回ありますけどね。まぁ、音

＊藤間勘寿朗《ふじまかんじゅろう》　関西の舞踊家。歌舞伎や文楽、宝塚の振付のほか、「祇園をどり」など数多くの振付を担当。

を入れるだけとか。姿もちらっと映るぐらいでしたけれども。まぁ、向こうで作曲して持って来てくれるものはわかりにくいんですよ。音が取りにくくて。一度、宝塚で五線譜覚えてくれ、すぐ弾いてくれてって言われたんですけど。すぐ弾ける訳がないんです、私（笑）。五線譜ではやったことがないから。で、断りましたけどね。

ところがね、テレビ音楽を盛んに手がけて来た、高橋半《たかはしなかば》先生＊というかたがいらっしゃって、この先生は三味線をよくわかっているから、「シ・ミ・シ」っていう楽譜に書いてくれる。三味線の一の糸が「シ」で、二の糸が「ミ」で、1オクターブ上の三の糸が「シ」になっている。それ書いてくれると私らには非常にわかりやすくてね、やったことがあるんです。

それから一度、大映から依頼があって、『座頭市』ねぇ、勝新《カツシン》太郎の。

座頭市の旅中に、ある人形芝居の小屋があって、その中での事柄で、人形浄瑠璃を実際に演じたいんだと。実際に義太夫を演じて欲しい。で、義太夫の文章まで持って来たんです。これを作曲してやってくださいって。先代の呂太夫に語らせて、私が作曲して、今日、明日にでもやれますよってときに、大映から呼び出しがかかった。「ちょっとお断り申し上げなきゃならないことが…、あの作品がお蔵入りになりました」って。

どうして？　こっちは作曲して、わずかな謝礼金をもらってね、これで終わりなのと思ってね。「いったい、どうしたんですか？」って聞いたら、「勝新さん、ハワイの飛行機の中

＊高橋半
（1977〜1988）
作曲家、編曲家、指揮者。早稲田実業学校（現早稲田大学）中退の後、山田耕筰氏らに師事。片岡千恵蔵プロダクションを経て映画音楽の道へ。多くの時代劇の音楽を担当。

でパンツの中に覚せい剤持っていたのがバレたそうです」って（笑）。

それでしばらく謹慎ということでできなくなった。それもちょんまげ付けて出るはずだったんです。残念だったなぁ（笑）。

それから勝新さんも三味線が上手かった。長唄の三味線方でしたからね。本職です。

お家柄というか…勝新さんとお兄さんの若山富三郎さん、つまり杵屋勝丸さんと若山富三郎さん。そうそう、サンケイホールへ仕事に行った時に、二人の演奏を見ました。

そのときは「大薩摩《おおざつま》」*を演奏された。舞台に浅葱幕が降りている幕前で演奏するんです。綺麗な二人が出てきて観客は大騒ぎ。富三郎さんは後ろ向いている。勝新さんは、小さな台の上に片足を乗せて膝の上に三味線を構える。やがて演奏が始まると、くるっと前を向いて歌い出す。そりゃ、見事なもんでした。

それから程なくして二人とも映画の方へ行っちゃった。この二人よりもっともっと男前だったのがお父さんの杵屋勝東治さん。あの方は、いい男でねぇ。そりゃ、見た目、恰幅はいいし、素晴らしくいい男。

その勝東治さんのエピソード。終戦後、家が焼けて、困っていた時に、「お金かしてくれる人がいて家を立て直すことにしたよ」と、芳村伊十郎さんに話しをしたんですって。芳村伊十郎さんが「よかったねぇ、金かしてくれる人がいて。そんな人どこにいたの？」っ

＊大薩摩
江戸浄瑠璃の「大薩摩節」のこと。江戸古浄瑠璃でかなり力強い曲調。享保年間に大薩摩主膳太夫が創始したとされる。

て聞いたら、「君だよ！」っていった（笑）という有名な話があります。

また、私が感動したのは先先代の中村時蔵丈*。初代播磨屋（中村吉右衛門）の弟ですね。「桜丸切腹」（『菅原伝授手習鑑』）の桜丸をやったときに、おっしゃったのは、「初役なんだ」と。本業の義太夫を聞いて勉強したいから聞かせてもらえないかといってこられた。それじゃ、うちの師匠と綱太夫師とで、そちら（ご自宅）へ行きますからということになった。

その時分、息子の中村錦之助（萬屋錦之介）・嘉葎雄兄弟が映画でものすごい人気でしたからね。東山に大邸宅を持っていたんです。そこへ私が三味線持って師匠の後へ付いて行った。よもやま話をしていて、じゃあお願いしますと、いざ演奏にかかろうというときに、時蔵丈は座布団をすっと外された。綱太夫師がそんなことしないでくださいって言ったら「いえ、これはものを教わる者の当然の礼儀として六代目（菊五郎）から教わりました」と、そうおっしゃって座布団を敷かないでずっと聞いておられた。

やがて演奏会が終わって、食事でもってことになった時、あの有名なお内儀さんの小川ひなさんが「お師匠さん方と一緒だと堅苦しいでしょうから」と私を食堂に呼んでくれてうな重をご馳走してくださったんです。私のような若い者にも気を遣ってくださるすごい方だなと思いましたね。

歌舞伎の人では市川猿之助*さんは一番付き合った人ですけど、あるとき「天地会*」って

---

*中村時蔵（三代目）（１８９５〜１９５９）兄は初代中村吉右衛門。弟は十七代中村勘三郎。初代中村獅童・萬屋錦之介・中村嘉葎雄兄弟らの父。

*市川猿之助（三代目）＝二世猿翁（１９３９〜）初生猿翁は祖父。父は三代目市川段四郎。宙乗りなどケレン味のある新しい「猿之助歌舞伎」の世界を拓いた。

*天地会　それぞれ本業ではない役割を演ずる会。

いうのやって、源太夫さんが写真持っているって言ったけど、どこへやったかなぁ…。

「寺子屋（『菅原伝授手習鑑』）」をね、「天地会」で松王丸を源太夫さんがやっていて、武部源蔵を咲太夫君がやって、それで戸浪が大阪の杵屋勝禄*師。春藤玄蕃を、あれ、あれ、本当に人の名前が出てこない、あのぉ～、お能の演出家でもある、お能が本職だけどいろんな芝居の演出もやった、その春藤玄蕃が良かったんだぁ。へぇ「天地会」でもこれだけやるんだ、役者でもここまで春藤玄蕃やれないだろうって。えっ～と、そうそう、観世榮夫。

それで竹本を猿之助さんと私とでやったんですよ。で、猿之助さんが文楽の通りやるから、文楽の通りに私は覚えるからって言ってくれて、で、源太夫さんが教えて、器用な男ですね。文楽の型ですっかり覚えて、それでそれだけじゃ面白くないからって、私を娘義太夫にして、自分で言うのも何ですけど、それがまた、綺麗だったんですよ（笑）。

猿之助さんはその娘義太夫のお祖父ちゃんっていうつもりの「ハゲちゃびん」のお祖父さんで。舞台に上がったら、一番前にいた、割とちっちゃい女の子が、私を指差して「あのお姉ちゃん綺麗！」っていったんです（笑）。それくらい綺麗にしてくれていた。

その時に菅秀才を清元志壽太夫《きよもとしずだゆう》*さんがやった。そしたら、もう、客席みんな大爆笑。背が低くおじいさんの志壽大夫さんが、ちょこちょこちょこっと出て来て、「我に替わると知るならば…」てやったら、もう場内3階までみんな笑いすぎて泣いちゃった。

＊杵屋勝禄（初代）（1920～1999）長唄三味線方。福岡県大牟田市生まれ。3、4歳の頃から三味線を弾く。5歳で杵屋勝寿朗に入門。1932年に大阪へ出て、四代目杵屋勝太郎に師事。1933年初舞台。勝禄を名乗る。

＊清元志壽太夫（1898～1999）美声と声量の良さに定評があった清元節太夫。1956年、清元節は初めての人間国宝に認定される。

次、語りがあるのに語らないから、どうしたと思って、見たら、澤瀉屋（猿之助）さんは、頭を見台につけて涙流して笑いこけていた…。ふっふっふっ。録画したビデオもあるはずなんですけどねぇ。当時、ビデオなんて持っている人が珍しかったから猿之助さんのところにはあると思う。

ほんとにいろんな人と他流試合的に演りましたねぇ、色々と。

女優の浅利香津代さんと『曽根崎心中』をやったんですよ。渋谷のシアター・コクーン（1989年完成）が出来たころ、そこでやった。大阪は近鉄劇場でも演りました浅利香津代さんが「女優と人形」というタイトルで、『曽根崎心中』をやった。亡くなった吉田文吾くんやいまの玉男くんたちが人形を遣って人形とのコラボレーションだったんです。浅利さんがお初、徳兵衛を人形でやった。その音楽は私と亡くなった相生太夫でやったんです。ええ、現在の文楽で演っている演出です。

そのとき、フルートの女性とパーカッションの男性がいて、お囃子のようにいろんな擬音やら義太夫のない所をそういう人たちが埋めてくれていた。その時のパーカッションやってた方がねぇ、その後に、国立劇場に訪ねてきてくれて、「團七師匠の三味線に私は感銘を受けました。あの、お初が泣いているところが、三味線もちゃんと泣いているように聞こえました」って、うれしいことを言ってくれた。その人の名前がねぇ。名前、忘れちゃった。

いけませんねぇ、いいことといっていただいたのに。

●三味線漫談といわれる由縁

私の話は面白いって？　ありがたいですねぇ。あるとき、文雀さんの会で人形の話をして、「人形の話はもういいから、君、三味線の話をしてくれ」って。で、やったんです。何を喋ろうかなと計画も何もなしで舞台へ出て、途切れ途切れにいろんな話をした。

終わったら、仲のいい林家正雀*さんが楽屋に入って来て、「お師匠さん、お話上手ですねぇ！」って。噺家さんにねぇ、話が上手だって言われたら、へっへっへっ、ねぇ。

それからですかねぇ。わりかた自信を持ってというか、自由に話すようになったんです。私は子供のころから落語が好きでよく寄席にも行くんです。また噺家さんも文楽に来てくださる方が多くて、お知り合いになった方は林家正雀さん、桂文治さん、俗曲の柳家小菊さんなんかですかねぇ。

文治さんといえば、先代の文治師匠と一緒に食事したとき、師匠はご機嫌で歌舞伎役者の声色なんかやりだした。我々はすごく盛り上がっていて、落語好きの知人が「ここは私に払わせて」といって喜んだくらい。でも、お店の人はまったく無関心。若い人が多いし仕方ないかなと思ってふと気がついたら、そこはベトナム料理の店で、店員全員ベトナム

*林家正雀（1951〜）山梨県出身。八代目林家正蔵（のちの林家彦六）の最後の弟子。歌舞伎が好きで芝居噺が得意。

人だった（笑）。

柳亭市馬さんも、古今亭菊之丞さんとも、カラオケで何度か遊んだことがあるけど、二人ともすごく歌が上手。市馬さんは歌手協会にまで入っちゃった。歌もプロ、大変な人、いや変な人かな（笑）。

名前が出たついでにお話しすると、市馬さんの三波春夫『俵星玄蕃』を聞いたことがあるんです。当然ながら上手に決まっている。で、後日、古今亭菊之丞さんにも唄ってもらったんですけど、これまた上手い。タイプが違うが二人とも上手い。三波さんまではいかないけれど（笑）。落語ファンの人なら、羨ましい話でしょ。へっへっへ。

上方では桂文之助さん、桂米左さん。それから桂南光さん。南光さんはご自分でも呂太夫くんについて義太夫を習ってるとか。

噺家さんの話をすると忘れられないことを思い出します。私の師匠が亡くなった昭和51（1976）年、その後間も無い頃、咲太夫くんがあるホテルで落語とのコラボの会を開いた。私の三味線で『義経千本桜』「四段目」、いわゆる「狐忠信」を語った。

その前に桂枝雀さんが『猫忠』を演じた。その日、桂米朝師匠が来てくださっていて、後の茶話会の時に、米朝師匠が私を手招いて「團二郎はん、お師匠さんが亡くなって心細いやろうけどしっかり頑張りなはれや」と励ましてくださった。

あの言葉は今も忘れませんね。

●間は自然体

私の話はねぇ、「間」がいいって言われるんです。だって、作った間じゃないんです。次何喋ろうかなっていう、考えている間しかないんですけどね。間が面白いっていう。これも三味線のおかげかなぁ。

私は「極める」っていう言葉が嫌いでねぇ。「極める」だの「極めた」だの、そんなことはあり得ないことだと思う。「進退ここに極まったり」てことは、何回かあるんですけど（笑）。それと「枯れた芸をする」「人間、枯れて来た」これも嫌いですねぇ。私は枯れたくないです。生涯生々しく（笑）。でも、芸ってものは枯れちゃいけないけど、味が出てこなきゃいけない。年がいったら味がでなきゃいけない。ふと、私はどんな味が出るかなぁと思ったら、ムチャクチャ甘い味だと思いました。さっき、チョコレートを５個食べてしまいましたから（笑）。

別に芸だけを極めようと思ってないから、最近までＮＰＯ法人人形浄瑠璃文楽座の理事長をしていました。この組織を立ち上げた主役は亡くなった豊竹小松太夫なんですね。彼が一生懸命になって作った。私は無知だから何のことかさっぱりわからなかったんですが、ある時、みんな集まれと。

集まったら「ＮＰＯ法人人形浄瑠璃文楽座」の発足だった。それで今日に至っているわけなんですけど…これをぶっ壊そうという人もいましてね。なんか労働組合のように思っている方がいらっしゃいました。いずれにしましても、ＮＰＯ文楽座の名誉顧問の鳥越文蔵先生もお元気です。今年の8月で92歳になられるとか。

そして残念なのは、もうお一人の名誉顧問ドナルド・キーン先生、この2月にお亡くなりになりました。96歳だったそうです。大往生ですが、残念ですねぇ。

まぁ、そのＮＰＯ文楽座も2019年の3月末で役目を終えました。その辺りのことは、巻末に事務局長だった峯田悦子さんが書いてくれています（Ｐ192参照）。

文楽芸談

【第5章】師匠彌七のこと

●文楽に名人、数々あれど

師匠の彌七のことを話すときは、まず相方だった綱太夫師が出て来ますね。芸は尊敬してました。それは芸は素晴らしかったですねぇ、ええ。

でね、師匠が「織太夫・團六時代」に、綱太夫（＝織太夫）師匠の方から別れたということがある。綱大夫師匠が前の藤蔵（初代）さんを相方にした。その時、がっくり来た彌七師匠が三味線弾きを辞めると言って、三味線棚に鍵をかけてしまった。それで一時、辞めて軍需工場へ働きに行ったんです。

師匠が言うには「工場へ働きに行くために勉強したんやでぇ。サイン、コサイン、タンジェントってな。勉強したんやで」って。私、「へぇ〜」って。終戦後に綱太夫師のところに戻ったんです。それから二人で一緒に名前を上げた。

私が文楽に入る前の方達も、よく知っていましたよ。ラジオで聞いてましたから。

豊竹古靱太夫のレコード聴いたり、小学校の時からよく知っていました。先にもいいましたが、はじめてこの目で文楽を観たのが、昭和22（1947）年の豊竹山城少掾の「（掾号）受領記念」と「八世竹本綱太夫襲名」と「十世竹澤彌七襲名」、それを同時にやっていた。三人の口上があったのを見たのが文楽を生で見た最初ですね。

話を元に戻すと、芸の面では、うちの師匠が「綱太夫兄さんについて、私は生涯を送るんだ」

と言っていたくらいですから、綱太夫師匠が亡くなった時に、それはショックだったのでしょうね。お通夜の日、朝から晩まで、いや晩から朝までだ、ずぅ〜とお酒飲んでいた。もともと、お酒が強い方だったんですが、ずっと飲んでらした。だから、内弟子で長いこといたのですが、私が飲めないもんだから「なぁ、お前がちょっと飲めたらなぁ〜。付き合うてもらうのになぁ」と、よく不足をいってましたねぇ。

昭和 54（1979）年ころ

●師匠に〝一度〟も褒められたことはない

最初、親が決めてきて、師匠のところに弟子入りさせるのが常識だった文楽で、私は自分で師匠を選んで入門した。だから私は師匠のことを芸も人間性も１００％尊敬できました。でも、褒められたことは一度もない。

あるとき、ものすごく嬉しいことがあったんですよ。鶴澤友路《つるざわともじ》さん＊て、淡路島の。103歳で亡くなられたのかな。あちらがまだ若かった、私がまだ、30歳ぐらいの時だったかなぁ。淡路島で公演があった時に、私が舞台終わって、楽屋へ帰ってきたら、友路さんがつっと部屋へ入ってきて、「團二郎はん、あんさん、この頃、彌七師匠によう似てきはりましたなぁ」。これはねぇ、今でも思い出すと涙が出てくるぐらい嬉しい。

「あんた上手になったなぁ」とか「よう弾くようになったなぁ」とかそんなもんじゃない。そんなものは耳に入りゃしない。この言葉はねぇ「師匠に似てきた」って言うのはねぇ、芸も人間的にも100％尊敬している師匠に似てきたと言うのは、生涯で人に言われた言葉で一番嬉しい言葉でした。

歌舞伎役者さんもその言葉は一緒らしいですね。お父さんに似てきたとか、おじいさんに似てきましたとかいわれるとね。

役者はねぇ、まず「風《ふう》」ですよ、形…。我々の三味線は、なんて言ったらいいのかなぁ。友路さんが言ってくれたのは、その弾く格好とか、顔つきとかそういうもんじゃないんですね。音色が似てきたと言うことを言ってくれた。どんなに嬉しかったか。

師匠は「文楽の三味線はなぁ、一撥も無駄なものはないぞ！」って。「無意味な撥は一撥

＊鶴澤友路
（1913〜2016）淡路人形座の三味線方。本名宮崎君子。4歳で野澤吉鳳に師事。5歳で豊澤徳八に師事して舞台に立ち、一躍看板娘となる。以来、一世紀、義太夫三味線一筋。1998年、人間国宝に認定される。教えた弟子は千人を超えるとされる。

もないぞ」って。「何か意味がある。それは記録にも、教科書にも書いていないけれども、それは自分で作り出すんだ。自分で作り出して、その場の状況、人物の心情などを考えて、撥を下ろせ」とね。まぁ、ずいぶん師匠の真似をしてきたつもりですが、とうてい届かない。

そうそう、師匠には一度も褒められたことはないんですけど、一度だけ〝例外〟がある。それは新橋の料亭で、師匠たちがご贔屓になった料亭の女将さん連中、と言っても宮薗節や一中節の家元で人間国宝の方ばっかりが集まった席があった。その時はうちの師匠に先輩の源さん*、咲太夫、元NHKアナウンサーの山川静夫さんらがいた。で、源さんが「なんか、みんなで歌かなんか、余興でもやりましょう」って言い出した。私は師匠の前でなんかやったことがなかった。そしたら急に源さんが「お師匠はん、團二郎くんは歌が上手いんでっせ」なんて言い出した。二、三人いた芸妓さんが「なんでもやりますから、どうぞどうぞ」って三味線を持ち出した。歌謡曲はできないし、何をやろうかなと思ってたんだけど、しかたないから「さのさ*」をやったんです。

その「さのさ」がね。「小夜更けてぇ〜」って男と女の恋愛話で、可愛さ余って憎さ百倍と男が女を殺す場面がある。で、殺されそうになった女が「人殺しぃ〜」って一言叫ぶんですよ。そのころ、私は「ビクターのワン公」って言われてた。いつも首をちょっとかしげる癖があったものでね。それでふっと、とっさに「犬、殺しぃ〜」ってやったら、師匠

---

*源さん
（九代目竹本源太夫）

*さのさ
明治期に大流行した俗曲。「〜さのさ」で終わるところから、その名がついた。哀愁を帯びたメロディから、世間で多くの替歌が作られた。

が一言「上手いっ！」って。後にも先にも生涯師匠に褒められたのはこの1回だけ（笑）。

源さんは「織の大夫」の時代から人にあだ名を付けるのが上手かった。私が文楽入って、ずっと首を傾げていたものだから、「ビクターの犬」*だと。その前に誰かが「十次郎」だと言い出した。『絵本太功記《えほんたいこうき》』十段目の「武智十次郎」だって。最初の「思案投げ首　萎《しお》るるばかり～」というところからね。そしたら源さんが「いやぁ、そんなエエもんやない。どう見てもビクターの犬や」。それでビクターの犬になっちゃった（笑）。

●一撥の凄さ

文楽の太棹って、「一音」で雪が降っているか、晴れているか、風が吹いているかを表したいんです。だからねぇ、しつこく言われたけど、そんな無理なことができるのかっていうのが、『艶容女舞衣《はですがたおんなまいぎぬ》』の三勝《さんかつ》・半七の「酒屋の段」のお園《その》のサワリ。

〽いまごろはぁ～半七っあん…

チーン

このチーンでな、夕暮れの、寂しい状況の、家の門に立って、帰らぬ人を待ちわびている処女妻を弾け、って。弾けるわけないんだって！　だけどそういう状況を、気持ちをもって弾けと言うことなんですねぇ。

---

*ビクターの犬
アメリカの音響機器メーカーのビクター・トーキング・マシーン・カンパニーがRCAビクターに吸収される時に日本ビクター（JVC）はRCA社から「犬のマーク（愛称：ニッパーくん）」と「日本ビクター」の名称の日本での使用権を譲り受けた。くびを傾げて主人の声を聞く犬の可愛い姿は人気となった。現在はパナソニック傘下の「株式会社JVCケンウッド」となっている。

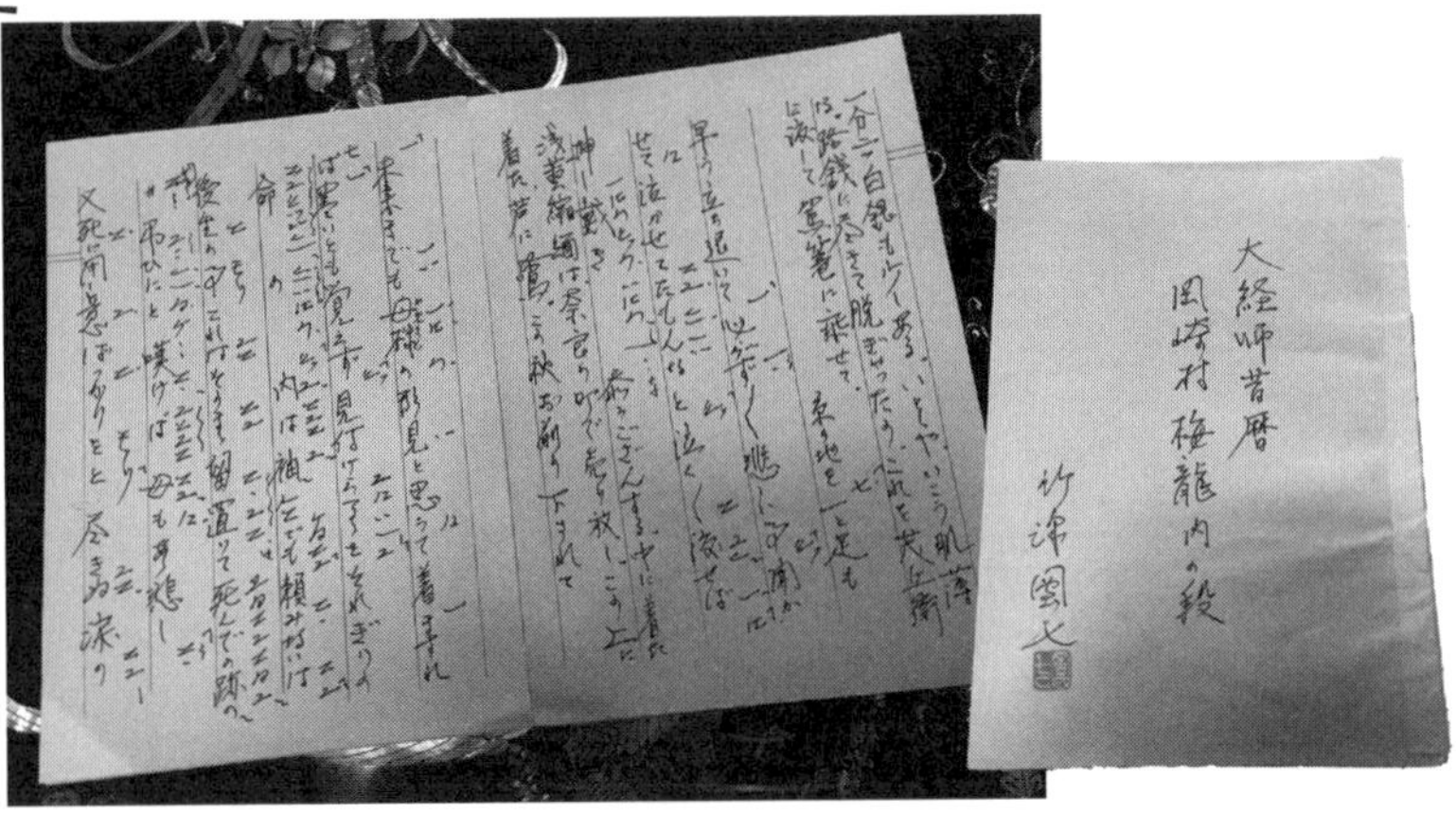

詞章を丁寧に自分で書き写し、三味線の譜を入れる。全部手作り。

だから床本をしっかり自分で書き写して、詞章と物語の「性根」、心を掴まなきゃいけない。太夫はほとんど書くんですよ。「床本」は大事だから。見台の上に置いてあるしね。

でも、いまちゃんと書けない人がいるんです。今の太夫でも、コピーする人がいる。またワープロで打って作ってたりするんですよ。

この書くという時に、まず文章の性根、そんなものを考えながら書く。そして三味線の譜を入れる時には頭の中で演奏しながら書くでしょ。だから非常にいい勉強になる。予習になるんですね。

でも、上の写真にあるように私の字はまだましかなぁと。吉兵衛師匠がね、なんかの役の本を見せてくださって、「わしが書いたのを見せたげる」っていただいたんですけど、字が震えていて読めないんですよ（笑）。

『大経師昔暦《だいきょうじむかしごよみ》』これはしんどかったなぁ。これはなかなか覚えられなかった。何日まともに弾いたかな（笑）。

あるとき柳亭市馬さんが楽屋に入ってきて「お師匠さん、大変ですね。なんですか、あれはひどいですね」って。「弾き詰でたいへんですね」って、弾き詰なんですよ。

『大経師昔暦』っていうと映画を思い出す。長谷川一夫主演の『近松物語』＊（溝口健二監督）。あれはよかった。最後、処刑されていく二人が裸馬に背中合わせに乗せられていくシーンなんか、その処刑される二人の幸せそうな笑顔がすごく印象的でした。でも、近松の原作は、二人助かるんだから（笑）。こんな理不尽な物語はない（笑）。

二人が逃げて琵琶湖の葦の原に船で行くところなんか、あのシーンの撮影で宮川一夫カメラマンが世界的に有名になったんですよ。白黒だからよけいに良かったんですけどね。

この物語はねぇ、おさんと茂兵衛が好きだとかいうのは「一言」も出てこない。だけど、誰だって、惚れ合っていたと感じて演じなきゃ。だから物語の性根が大事なんです。

『摂州合邦辻』の玉手御前なんかもそうですよ。本当は俊徳丸に惚れていた。

文五郎師匠がおっしゃったけど「わしはなぁ、わしの使う玉手は俊徳丸に惚れ抜いているからなぁ。出てきたらきょろきょろ、きょうろきょろして、俊徳丸を探すんや」とおっ

＊『近松物語』1954年の大映映画。監督／溝口健二。原作／近松門左衛門。音楽／早坂文雄・望月太明蔵。主演／長谷川一夫・香川京子。『大経師昔暦』の「おさん・茂兵衛」の物語を元に川口松太郎が書いた戯曲を映画化した。脚本は依田義賢。

しゃっていた。だから本にない、そういうところを考えて演奏しなければならない。なおさらにね。

◇

昭和11（1936）年ごろ、（二代目）野澤喜左衛門師が、まだ野澤勝平のころに文楽座を抜けて「新義座」という一座を旗揚げした。中堅若手の出番がないと言うのがその理由だったのだが、そのころも、やはり名人が多く輩出された時代だった。

当時「つばめ太夫（八代目綱太夫）・團二郎（十代目彌七）」コンビも、そちらに移ったのだが、途中でそのコンビも抜けて、三年ほどで一座は終息する。

この時の小松太夫（のちの四世竹本越路太夫）は一時廃業に追い込まれていたなど、文楽の実力と世間的な人気とは必ずしも一致しない。

そのような苦難の時代の変遷を経て、文楽は生き延びて来た。

◇

●時代と才能と

そうですよ、みんな貧乏暮しですよ、終戦当時。まぁ、戦争がなければね、戦争がなければ随分違っていただろうと思いますね。戦争のために師匠なんか大迷惑を被った。

先斗町のお茶屋の息子なんですよ。若旦那ですよねぇ。で、先斗町にも防火帯を作らなきゃいけないって、師匠の家が指定されて、立ち退き食わされて空き地にされちゃった。

それで引っ越したんですが、子供が3人いて、おかみさんと師匠のおばさんというのがいて、一緒に暮らしていて。そら、生活が大変だったと思う。

で、私が内弟子に入り、さらに食べる口が増えて、大原女《おはらめ》みたいなおばさんが、よくコメを売りに来てた。田舎からコメを売りに来てた。闇米《やみごめ》を。それでなんとか食べてた。

よく「着物なんかと交換してたんですね」とか聞かれるんだけど、私らの子供自分、終戦直後は、母親が着物を持って行ったって、替えてくれない。そんなものあったってしょうがないって。着物なんかあったってしょうがないんだものお百姓さんの家に。で、何もくれない。なんか都会人が、お百姓さんをいじめたわけじゃないんだけど、都会人には何にも売ってくれない。

●素人義太夫が流行った頃

経済的に困ってたわけなんですが、太夫さんや三味線方は素人の方に義太夫を教えていた。昭和30年代まで大変ブームでしてね。それは文楽のブームでもあり、文楽の主だった方はみんな素人に教えていた。それが劇場への観客動員にも繋がっていましたね。

うちの師匠も教えていました。「お弟子さん」とは言わないで「連中さん」と呼んでいた。

「彌七連」という素人の義太夫会がしょっちゅうありました。その頃はそこら中で盛んだったから、京都では「平安会」という大きな大会があったし、大阪では「日本会」というのが大槻能楽堂で年に2回あった。それから神戸では「菊水会」というのがあった。

大阪の大槻能楽堂でやる時には「審査会」方式だった。偉い文楽の師匠達が審査員で来てました。で、点数をつけていく。で、横綱はいなくて、点数が上がっていくと大関までいく。横綱になると上がって審査員になるというようなことでした。よく今橋通*へ行きましたよ。現在、大阪美術倶楽部になっている「鴻池《こうのいけ》さん*」の、ものすごく立派な大広間があるお屋敷があった。

そこでよく素人義太夫の会をやってました。私はもちろん三味線を弾いたことはない。師匠のお手伝いに三味線を持ってついていくだけだから。そのお屋敷の玄関脇に首を傾げた犬がいたかどうかは、落語好きな方ならわかる。そうそう「鴻池の犬」。はははは。

金城《きんじょう》という芸名を持った鴻池さんがいましたね。集まる連中たちも京都は西陣の帯屋の社長だとか、糸屋の社長さんだとか、着物の絵を描く先生だとか、宮川町のお茶屋の大店《おおだな》の旦那さんだとか、大きな本屋さんのご主人など、錚々たるメンバーでしたね。

本屋のご主人なんか、師匠に可哀想になるくらい怒られて「そこにはなっ、間がおまんねん！　あんさんねぇ、そこ間を飛ばしてすぐ続けるでしょ、そういうのを間抜けってい

＊今橋通
大阪市中央区北浜にある東西を貫く通り。「今、新たに架けた橋」の意味の「今橋」が東端にある。

＊鴻池さん
鴻池など豪商が集まり、「日本の富の七分は大阪にあり、大阪の富の八分は今橋にあり」とまでいわれた。

いまんねん」って、すごい怒られていた。月謝もらっている大会社の社長を捉まえて「間抜けっていいまんねん！」って、ひどい仕打ちだ（笑）。

私は20年くらい前に東京で教えてました。東京のね、素人横綱と言われる兄弟がいて、その人達は学生のころに重造師匠だとかに習ってた。私と同年代でね。稽古して欲しいって頼まれて、教えていた。やがて会に出たいということになって、そういう会の素人義太夫の三味線は女性。つまり女義《じょぎ》（女流義太夫）ばっかりなんですよ。女義は弾き語りしますからね。

そこへ私が入ったから、なんか雰囲気がパッと変わったっていうんですよね。津太夫相三味線の團七が出て来て。

その兄弟を最初に弾いたのが「熊谷陣屋」（『一谷嫩軍記』）。あとは「すし屋」（『義経千本桜』）ですよ。それから「実盛物語」（『源平布引滝』）だとかね、「逆櫓」（『ひらかな盛衰記』）。とにかく大きなものを演りたがる。世話物はやらない。時代物の大きなものをばっかり演りたがる。ええ、色々演りました。それは自分の練習というか、トレーニングにもなっていました。大きな声出して「そこは、違いますねん、こうですわ」とか言いながらわいわい演っていると自分の手のトレーニングにもなっていた。

昔は、そういう素人義太夫やる人が文楽のお客さまを作ってくださっていたということ

青函連絡船で

もあるんですよね。

落語の『寝床』なんていう演目もありますけどね。落語の中の義太夫は嘘が多い（笑）。

師匠にも聞いたんです「素人が義太夫やるときは御簾《みす》をおろしたんですか?」ってね。師匠は「そんなん、聞いたことない」って（笑）。

『軒付け《のきづけ》』だって、師匠は「そんなこと演れるわけない!」って。「軒付け」、つまり門付けをやったのは新内と尺八（虚無僧）ぐらいのものですよ。まして〝鰻のお茶漬け〟なんて誰も出してくれない（笑）。太棹弾きながら歩くなんて、到底無理!

また昔は、女義は三味線を自分で弾きながら語る人がほとんどだったので。会の時もそのまま舞台に出てましたね。今でも東京では盛んですね。でも、太夫と三味線弾きは基本的に分かれています。

●師匠と向かい合うときは正座

師匠にはそんなに稽古してもらってないんですよ。なんか内弟子にいたらねぇ、毎日師匠に稽古してもらっているように人は思いますが、役がついて、この役をどうしようかというときに、これができない。そしたら稽古しなくちゃならないってんで、稽古しようということになるんだけど、毎日、日課のような稽古はしない。そんなことはまったくなかったですね。でもね内弟子で8年か、一度も足を崩したことはない。どんな時でも正座なんです。

正座じゃなきゃ、「舞台で正座するだろう。常から、その姿勢を取れ」って言われるから、もちろん食事の時もそう。師匠があぐらかいてちびりちびり酒を飲んでいる前で正座してるんです。ずぅ〜と。その間にぽつぽつといろんなことを喋ってくれる。「これもお前、勉強やぞ」って、確かに稽古でした。

師匠の話に、師匠は先代の竹澤彌七*の弟子だけれども、文楽に出なかったんですね先代は。それで文楽に出るために、寛治郎師*にしばらく預けられていた。その寛治師匠も、だいたい竹澤家に預かりで来た。鶴澤團二郎を名乗っていた人が竹澤家に預けられて竹澤團二郎に名前を変えた。それが竹澤團二郎の初代なんですよ。で、その二代目に、弟弟子の、のちに「義修」という人が團二郎を名乗って、そのあとうちの師匠彌七*が三代目を名乗って、

---

*九代目竹澤彌七

*鶴澤寛治郎（＝三代目）・のちの六代目寛治

*十代目竹澤彌七

私が四代目の團二郎となる。

その寛治師匠の話で、先にも言いましたが、彌七師が内弟子にいるときに、寛治師匠が「ご飯、お代わり！」と、「はいっ！」って、ご飯をよそってパッと渡すと、「お茶、かけんかい」。「もう、わしがお茶漬けやということがわからんか！　人の腹づもりがわからんのか。」って怒られた。

「無理なことをいうやろと思うやろ。」と師匠が私に言った。「それが無理やないねん。これが分からないと、文楽の三味線弾きはいかんねん」三味線弾きは、太夫の腹づもりを分かれと。「太夫の腹づもり、息遣い、そんなものをわかって、弾いてやらなきゃあかん」と。

だからねぇ、私、野球が好きだから「野球のバッテリー」に比較するんですが、三味線弾きはキャッチャーで、ピッチャーの太夫を立てろと。まず、基本的にキャッチングがうまくなきゃならない。だけど太夫をリードするつもりで受けなきゃならない。良い音をさせながらね。

良い音をさせておだててやるとかね。今度ここへ投げろ、とかね。いろんなことがあるわけですよ、バッテリー間には。三味線弾きもそれと同じだと私は思うんですけどね。

師匠の話の中で、具体的なテクニックの話なんかはいっさい出ない。こう撥を下ろせ、とかね。指をこう動かせ、なんていう話は〝いっさい〟ないです。どの師匠もそんなことは言わない。そんなことは自然と身体で覚えなきゃ。

それと弟子だからと言って、手つきが師匠に似ているかと言ったら、そんなことはない。そうじゃないの。全然似てないお弟子さんもいるし、よく似ているお弟子さんもいる。

いまも、技芸員の研修の時から、あんまり具体的なテクニックは教えないですからね。みんな自己研鑽。だから師匠にあんまり似ていないですね。研修生の時はいろんな人に授業を受けるでしょ。一人の人に稽古してもらうわけじゃない。いろんな人に、いろんなことを教わるから、なんか固定してこの方向というのが無い訳ですよ。

だから師匠に私も言われた。

「わしかって、ちょっとはええところあるんやけど、そこは全然おまえ似てくれへんなぁ(笑)」って。

「わしの悪いところばっかり、似てるなぁ」と(笑)。

同じことを弟子の團吾にいうんですよ、私自身も(笑)。

具体的に指示はないんだけども、やっぱり何年も側についていると、のちのち「師匠に似て来はったなぁ」となる訳です。外から見てあんまり似ているとかはないけれども、やっぱりどこか自然と似るんですねぇ。自然とねぇ、それは。

大げさにいうと師匠の魂みたいなものが似てくるということですかね。具体的なテクニックじゃないですねぇ。そんなもんじゃない。

私もこの頃、色紙を頼まれると書くんですが、師匠が色紙に書いていたのは「芸魂」。芸の魂。プロ野球の村田兆治がよく色紙に「一球入魂」というのを書いていた。我々では、「一撥入魂」ですよ（笑）。

師匠と嗜好みたいなのは似て来るのかなぁ、それはどうでしょう。師匠は大酒飲みだけだったけど、私は一滴も飲めない。で、何が好きだったかなぁ。野球ぐらいなもんかなぁ。

私はね、文楽を初めて見た昭和二十二年にね、初めてプロ野球を見ているんです。名古屋で中日ドラゴンズ。相手は金星スターズだったかな。もちろん1リーグ8球団の時代です。なんと、向こうの先発ピッチャーがヴィクトル・スタルヒンですよ！　初めての野球観戦でスタルヒンを見ているんですよ。

昔から私は野球が好きだった。で、私が初舞台した昭和29年、その年に中日ドラゴンズが日本一になっているんです（笑）。

巡業中に、松之輔師匠が「團二郎くん、中日が日本一になったぞ！」って。私は「へっ？」って。

セカンドで２番の俊足巧打。

「へっ？　って、君は名古屋人やろ。水くさいなぁ」って。

初舞台の当時、野球なんてさらさら頭にない。そんな余裕ないですよ。舞台で弾く曲を覚えるだけでもう必死でした。もっともツレ弾きや陰弾きばかりでしたけど、それを一公演に、7、8曲は覚えなきゃならない。それは大変でした。だから私は今でも歌謡曲が好きでカラオケとかで歌うけど、その時分に流行った歌って知らないんですよ。忙しくてほとんど知らない。だから昭和初期の歌しか知らないし、歌わない。

趣味っていうと、文楽人の野球好きは多かった。師匠も好きで甲子園へ巨人戦を観に行ったこともあります。文楽でもよく野球の試合をしてました。人形遣いさんはほとんどかな。太夫は津太夫師、住太夫兄さんをはじめ多かったけど、三味線では私一人。たいてい三味線の若手が野球をやると師匠から怒られたんですが、私は怒られなかったのでね（笑）。

ポジションは、私は自分から望んで、セカンドで2番バッター。70歳になったときに、京セラドームでやりました。人形遣いのチームと太夫・三味線のチームと。元楽天イーグルスの監督の梨田昌孝さんが来てくれて、一緒に遊んでくれて審判やったり、人形遣いチームの代打に出てくれたりね。そりゃ、人形遣いが強いに決まってますよ。いつも身体動かしているんだもの。若い人多いし…（笑）。

人形遣いじゃ、最近やらないけど、吉田和生《よしだかずお》くん*が上手かったなぁ。亡くなった桐竹一暢《きりたけいっちょう》くん*も上手かった。割と背が高かったしね。

野球といえばちょっと凄い話がある。今の呂太夫のお祖父さんの若太夫師もかなりの野球好きで、晩年かなり目が悪くなられてからもキャッチャーをされていたことがあったと師匠から聞きましたね。

●師匠の最後

あのときはねぇ、おかみさんが亡くなって、寂しくなっているときに、もう自分は舞台だけだ、それで今度は舞台の相手（八代目竹本綱大夫）を亡くしたでしょ。

だけどそりゃみんな、津太夫さんもそうだし、住太夫さんやら、源太夫さんが「彌七さ

---

*吉田和生
（1947〜）
愛媛生まれ。1967年、文楽協会の研修生に。吉田文雀に入門。2017年、人間国宝に認定される。

*桐竹一暢
（1938〜2004）
1955年、父の四代目桐竹亀松に入門。1956年に一暢。父は四代目桐竹亀助。長男は桐竹一輔。

んに弾いて欲しい」と、おっしゃっていたんですよ。だけど、それじゃ自分には納得いかなかったのか、自分の居場所がなくなったような思いに駆られたのか、完璧にうつ病ですよ。で、私をね、国立劇場の楽屋食堂に呼んだんですよ。ふだん滅多に入ったことないのに。

「お〜い、和夫、コーヒー飲もうか」って。

コーヒーを飲みながら

「わしなぁ、もう三味線が弾けんようになったぁ。三味線弾きがなぁ三味線弾けんようになったら死ぬしかないわなぁ」

「おさん師匠が死ななきゃならないような三味線弾きだったら、逆に生きていていい人は誰もいやしませんよ」と怒るようにいったら、師匠は「そんな気休めいうてくれるな」って。私、そのときねぇ、かなり重病だなと思いました。

それからしばらくして昭和51（1976）年、ヨーロッパ公演に行って帰ってきたんで、すぐに師匠の家に顔をだしました。その頃、師匠が病気だというのは知っていたのでね。

「師匠、帰ってきました」

「あぁ、帰ってきたかぁ…」と顔色がおかしい。

私は次の日、国内の巡業に行かなきゃならなかったんです。で、翌日、信州の山の中を列車で走っている時に、きーちゃん（藤舎秀佐久）がラジオでニュースを聴いていた。トンネルが多くて途切れとぎれだったのに、「人間国宝で文楽三味線弾きの竹澤彌七さんが行方不明となっています…」というところだけ不思議なことにはっきり聞こえたんです。

みんな心配してくれて、「團二郎はん、すぐ帰り」って。燕三兄さんや住太夫兄さんが早く帰れといってくれた。代役を清介くんに任せて、飛んで帰りました。

◇

昭和51（1976）年10月24日、行方不明となっていた竹澤彌七は、琵琶湖疏水で見つかる。自殺として扱われた。

◇

もちろん医者にはかかってましたよ。でね、すごく気にする人でね、胃潰瘍で入院していたときも、私を呼んで、耳元で、

「おまえ、なんか聞いているやろ。なぁ、これ、わし、胃がんやろ」

「いや、ただの潰瘍ですよ」

「そんなことはないやろ。なんか聞いているやろ?」と。

もう、そういうところがある人でしたねぇ。

私でも、胃潰瘍は何回もやってます。私なんかは神経症の、ちょっと舞台で何かしたら、途端にできているらしいというようなね。で、すぐ二、三日したら治っているというような。

でも私は生涯、入院したことがない。いまだに。

20歳代のとき、内弟子の時代に結核をやっているんですよ。でも、良い先生に恵まれてね、文楽の大好きな、師匠彌七の大ファンの女医さんでね。京都で結核診療所をやっていたんです。その先生に見つけてもらって、一銭もお金使わないで、全部治してもらった。いま、毎年、お墓参りしてますけどね。

●人間国宝「竹澤彌七」

師匠が人間国宝になった時は、べつに特別なことはなく、発表があったときに「あっ、師匠、おめでとうございます」って言ったぐらいで。

で、藝術院は会員にはなっていなくて、院賞をもらったんですけどね。まず、院賞をもらわないと会員にはなれない。それにはね、色々ありますよ、あの世界は。藝術院というのは会員の推薦がないとなれない。

亡くなった先代の中村勘三郎＊さんから電話がかかって来た。師匠のところへ。「私がねぇ、推薦しておきましたからねぇ、間違いないですよ」って言って来たんで、師匠が「そうですか。じゃぁ、間違いないですね」って。

私は海外公演に行っていて、帰って来て「お師匠さん。どうでした?」って聞いたら、「な

＊中村勘三郎（十七代目）（1909~1988）

かった！」って（笑）。

その次にね、藤間の宗家。先先代の藤間勘十郎*宗家と尾上松緑*さんと二件、電話がかかって来た。推薦しておきましたよって。そしたら院賞が出た。

藝術院賞があって、藝術院会員になるかという直前に師匠が自殺しちゃった。だから、あんまりなりたくもなかったんでしょうね。ああいう賞もね。

私が弟子入りしてから一番最初に師匠が賞をもらったのは、芸術選奨という賞の大賞。一緒にもらった人が菊田一夫。滝沢修や錚々たる人がもらっているんですね。ところが、その後に竹本越路太夫がもらった。その時、言われたのが「大衆芸能にまで広めよう」という趣旨だった。で、同時にもらったのがフランク永井と倍賞千恵子、石原慎太郎（笑）。どんな変わり方なんだと（笑）

芸術には変わりないんでしょうけどね（笑）。私は若い頃から「芸術」という言葉は嫌いでね。だから、あれ嫌いなんですよ。襲名の口上があると必ず「我が国固有の古典芸術文楽の発展をいたしますように～」っていうでしょ。

「我が国固有の古典芸術の」って。何が「古典芸術」って。私はあくまでも「古典芸能」。芸能ですよね。芸術っていうのは褒め言葉でね。そこまで高めたら、あぁ芸術だなぁって言ってもらえるかもしれないものが「芸術」で、現在見たものを、あるものは「芸能」でしかない。

---

*藤間勘十郎（六代目）＝藤間勘祖（二代目）（1900～1990）

*尾上松緑（二代目）（1913～1989）

みんな同じなんです。

賞は人間の格が上がるという人もあれば、全然気にしない方もいらっしゃる。気にする人と、気にしない人がいるでしょう。

私は変わっているのか、全然気にしないですねぇ。変わっているんでしょうね。それこそ、中村鴈治郎*が「人間国宝もろてもパチンコ行けまっか?」と聞いた有名なエピソードがありますが、それくらいなもんです。この頃パチンコしないけど、パチンコしたりカラオケやってられる方がいいなぁ。気楽に。

●名人の音色

三味線の音色というか、師匠から教わるときには、あんまり具体的なことは教わらないんです。ここを押さえて、こうやって音を出せとか、そういうことは、まぁない。

よく「そこ、お前、どういう場面だ? その人物はどういう気持ちでいるんだ。わかってんのか?」って言われるんですよ。で、こういう気持ちですっていうと「それがわかっているんだったら、そう弾けよ」って。具体的に、どういう風に弾けという指導はない。

昔の偉い方、豊澤團平の次に有名だったのが鶴澤友次郎*。レコード聞いたってねぇ、腕は確かにいい、立派に動いている。でも、綺麗な音というのは、まぁ、レコードで生の音

*中村鴈治郎（二代目）（1902〜1983）

*鶴澤友次郎（1874〜1951）京都市生まれ。父は鶴澤大造。10歳で鶴澤三二の弟子に。後大阪へ出る。1912年に六代目友次郎を襲名。

は聞いていないから、わからない。

生の音で私が「あぁ、綺麗な音」と思ったのは、とにかくこの気持ちをしっかり表現してるなぁと思えたのは、先代の野澤喜左衛門（二代目）師匠。

それから気分良く豪快に弾いた人が鶴澤綱造先生*。〝先生〟って自分でおっしゃるんです。師匠とか、〝おっしょはん〟とか、そんな古臭いこと言わんといてくれ。先生やと。この綱造先生。豪快に弾いたというか、性格も豪快だった。

亡くなられるちょっと前にお見舞いに上がったことがあるんです。病室でうちの師匠に言うんですよ。

「わしはなぁ、清六でもない、寛治でもない、喜左衛門でもない、一番の三味線弾きは、彌七くん、君やと思っている。だから私の孫を君に育ててもらいたい。私は親子として四代目綱造を親父から繋いだ。五代目は、息子が三味線弾きにならなかったから息子はダメだ。だから孫を五代目にしたい。だから君、仕込んでくれ。彌七くん頼む、これは私の遺言や、君が育てて、五代目綱造を育ててくれ」と。

四代目鶴澤綱造

*鶴澤綱造（四代目）（1882〜1957）大阪市生まれ。三代目鶴澤綱造（六代目鶴澤清七）の子。三代目竹本津太夫の相三味線を務める。

で、師匠が「そのお孫さん、今幾つですか?」って尋ねたら、「これから生まれるねん」って（爆笑）。最高な話でしょう、これ。

立派な男前でしたよ。恰幅のいいねぇ。私もレコードは持ってますけど、まるで櫓太鼓。いま、やるような曲弾き、そんなケレンじゃない、あれは曲弾きじゃなく曲芸（笑）。そんなことはやらないでまともに弾いてすごいんです。

「竹中砦」という激しい曲があるんですよ。すごいバリバリ弾く。そのときにある人に「竹中の砦にひびく機関銃」て言われたぐらいですからね。あの綱造先生という方はすごい。

私が最後に生で聞いたのは『絵本太功記』の十段目、若太夫*とのコンビだった。それは凄い迫力だった。だけど、晩年、耳が悪くなって、調子が合わなくなってきた。それで先代の燕三さんが考案して、こんな箱が前にあるんですよ。モニターみたいな箱が。そこに一（の糸）が低いとか、二（の糸）を上げろとか書いてあって、ランプが点く。綱造先生の弾くのを聞いて燕三さんが操作していたらしい（笑）。

そして若太夫師匠というのも、豪快な方で、綱造先生といいコンビでしたねぇ。

唾がよく飛ぶんですよ。見ていたら汚いんですよ、袂《たもと》が汗とよだれとでずるずる。若太夫師匠の稽古の時にも、あまりにも唾が飛んでくるんで、綱造先生は前にガラス板を立てていましたね。まぁ、すごい話ですねぇ（笑）。

＊若太夫
（十代目豊竹若太夫）
（1888〜1967）
徳島県出身。1910年に初舞台を踏む。1932年には三代目呂太夫を、1950年に若太夫を襲名。1956年に失明するが、床本は見ずに語り、その迫力は凄いものがあった。1962年に人間国宝。現・六代目呂太夫は若太夫の孫である。

この若太夫師匠が亡くなる寸前に、師匠がお見舞いに行ったときに付いて行ったんですよ。目がよく見えなかったでしょう、晩年の若太夫師匠は。で、師匠が「彌七です」って入って行ったら「おぉ、彌七くんか。よう来てくれたな」「あの、弟子の團二郎も一緒に来ました」って師匠が言ってくれた。そしたら若太夫師匠が「あぁ、團二郎くんか、あのなぁ、若子と仲ようしたってや」って。まだ、先代の呂太夫（五代目）が若子太夫だったころです。

●精進するのみ、三味線の音色

その一音を出すために、情景というのか、それを知るために、まず床本を読んで、理解して、自分なりに情景を考えて、テ～ンか、ツ～ンか音を出しますよ。でもそれは自分なりの音なんですよね。

そんなとき師匠は稽古の間に、ここはこういう気持ちで弾けとか、ここは目一杯弾けとか、そいう程度は指導してくれます。

それからね〝陰ですごく支えになる言葉〟ってあるんですよ。

『曽根崎心中』はじめ、たくさんいい曲を作曲されて名人といわれた松之輔師匠が、ある時、私を使ってくれた。『妹背山婦女庭訓《いもせやまおんなていきん》』の道行。歌舞伎の歌右衛門さん、芝翫（先代）さんから、先代左団次の「求女」、そんな名優の踊りの場面に出してくれて、私が「橘姫」を弾いたんです。いま「橘姫」のところも、若い人がねぇ、私は何を弾いているつもりなんだと思うのですが…。情景や心情が表現できない、余韻をつかわなきゃね。

私が弾いたときにねぇ、松之輔師匠が、舞台では私には何にも言わないですよ、うちへ帰っておかみさんに、「團二郎は良くなった。お姫さんが弾けていた」って言ってくださった。それをおかみさんが私に伝えてくださった。それはもう嬉しいことですよね。私は一生懸命、この大振袖の着物を着たお姫様を思って弾いた、それだけを思って弾いた。

最初はひどかったですねぇ。私が内弟子の時代に初めて「お姫さん」を弾いた。

師匠が「おまえ、それ誰を弾いてんねん?」

私「お姫さんです」

師匠「お姫さん、どんな格好している?」

師匠は格好までするんです、こう袂《たもと》を入れてね。大振袖でね、

「色っぽいんやで、それを弾かんかっ!」って、怒られる。

だからどうやって弾くかは、こういう撥使いをしろとか、指使いをしろとか、そんなことは絶対言わない。

師匠は「おまえなぁ、お姫さん弾いているつもりかもしれんが、お前が弾いているのは

ベートーヴェンのお墓の前で。

なぁ、絣《かすり》の着物にたすきかけて、井戸端で大根洗っているおばはんやっ！」ってね。ふふ。

そりゃ、言い過ぎでしょう、師匠！って。だけど怒られながら、師匠、上手いこと言うなと思ってましたね（笑）。

そこへいくまでは自己研鑽になるわけです、ひたすらね。

だからねぇ、自分で考えて、その床本なりの文章を理解して、まず、難しいのは音をさせないところですね。文学でも行間の解釈というように、これも師匠に言われた。

「音をさせんところを弾かんかい！」って。難しいですが、音をさせない。

だから、いま弟子の團吾にいうんです。

「音をさせない技術は難しいんだぞ、音をさせないところを勉強しろ」と。

えっ、それは間ということなんですか?・ですって。

う〜んだから、「間」という前に「余韻」なんですね。

だけどねぇ、これもしつこくいうんだけど三味線が鳴ってくれないと、いい仕事ができないんですよ。皮も張ってくれないと。皮が良くてよく張られていないと、その余韻は出てこない。

最近は全然、変わりましたからね、皮もね。よく破れるんです。

私、一昨年の8月公演で3枚破れました。1枚、表だけで4万円以上するんですよ。張り替えるとね。

演奏中にはあんまり破けないけど置いておくと自然に破れているんです、ケースを開けて見たら。箱の中で破れている。それから一枚は、パンと強い音を出したら、ポンと破けた。やっぱり湿気が一番いけない。でも、その湿気る状態がどうかということよりも、それが急に乾燥した時が怖いんですね。

海外公演なんかはね、アメリカ公演にいったときも、次のヨーロッパ公演の時も、二年続けて行った時も、みんな60日も行っているんです。

でも60日行ってても、三味線に故障が一度もない。このごろは、あんまり長期の公演には行かないんですが、昔は行ったら60日なんてざらでしたしね。

で、初めて三味線に故障が起きたのが、上海公演。北京ではなんともなかったの。北京は故宮を歩いていたら、気温が摂氏38度あった。で、建物から建物へ移る間で汗でびしょびしょになった。だけど、木の陰に入ると汗が引いているんです。それほど湿度が低かった。そこから上海へ移動したでしょう。今度はものすごい湿気なんですよ、上海は。大丈夫かなぁと思っていたら、楽屋は逆に冷房でカンカンに乾燥しているんです。

で、三味線のトランク開けたら、ポ～ンと破けた。湿度の湿り切ったところから、急に乾燥したときにポ～ンと破れる。だから最低3挺は持っていく。いまも地方公演でも3挺は持って行ってますよ。

いまは地方でもエアコンが効いているから、乾燥がひどい。まぁ、全滅ということはないんですけどね。だけど、故障は皮が破けるだけじゃない

ベルギーのブルージュにて。右は竹本三輪太夫

義兄の吉田文雀と。ローマのコロッセオにて

から。他にも故障があったりするから。だから、みんな通常の東京公演でも3挺か4挺を持って行きます。

ついこの間まで西のほう、広島へ行ってたのに、明日から名古屋から札幌まで行かなくちゃならない。巡業公演は楽しいけどなかなか大変なんです。

●太棹三味線の材料

さっきの皮の話もありますが、三味線は材料というか、木も違います。紅木《こうき》*という木を使う。インド行ったらねぇ、線路の枕木に使っているんです。そりゃ、硬くていいでしょうよ。そんなに高価な木じゃないんだけど、日本に来たら高価なものになる。日本には生

*紅木
インドやミャンマーに自生するマメ科の落葉小高木。材質は暗紅色で非常に硬い。

え無いからね。

皮もねぇ、国産はもう全く無くなっちゃった。台湾、それから香港でね、猫をそれ用に飼育して皮を作っているらしい。そして三味線の皮になめして送ってくる。もう三味線の皮に出来ている。

だからねぇ、いろいろ、厚いのやら薄いのやらいろいろある訳です。どれでもいいって訳じゃない。

私が頼んでいる三味線屋さんは、私に合う皮を選んで、張って来てくれる。厚くもなく薄くもなく。これをねぇ、やたらと注文つける人がいるんです。

もっと薄いの張ってくれとか、もっと厚くとか。三味線の胴がこうあって、この辺が張れてないとかね。「三二（の糸）」の下が張れてないとか。確かにあるんですよ。「二」をド～ンといくのと、「三二」をド～ンといくのと。

「三二」をド～ンと弾いた時の手触りが、柔らかいと張れてない。

そういうことをねぇ、細かく言い出すとねぇ。もう、きりがないんですよ。

義太夫の三味線を張ることほど大変な仕事はないっていいますから。小唄の三味線は、皮を持って来て、糊を塗って置いたらそれでいいというようなものが小唄の三味線なんだと。ところが義太夫のはそうはいかない。張れるだけ目一杯張って、張っているときにぽ

ストックホルムにて一人カフェ

～んと破れたら三味線屋の損でしょ。こっちへ渡してから破れたらこっちの損になるけどね(笑)。そりゃ、三味線屋さんは儲けがなくて大変らしいです。義太夫用は大変だからいい皮をしっかり張ってもらわないと。

そうそう、これも師匠に聞いた話ですが、ある師匠が三味線の皮を張り替えてもらった。その人は弾いてみて「これは使えない。もういっぺん張り替えてくれ」といった。弟子が三味線屋さんに、そう伝えた。

そしたら三味線屋さんは「ワシが精魂込めて張り替えた皮や。使えんわけはない。師匠に言うとけ。お前の手を張り替えろ。手ぇ～を張り替えって、そう言うとけ!」と。

そりゃ、職人さんにもプロのプライドが

ありますからねぇ。弟子がそのまま伝えたら、その師匠は「う〜ん」とうなったきりで、それから生涯、張り替えなかったという逸話がありますね。なかなか良い話ですね。

撥はねぇ、「耳」って言うのですけど「撥の角」、数ミリを切ってすげ替えるんです。象牙をね。貴重品ですからねぇ。それを「耳入れ」って言います。

時代物を一段弾いていたら、いいとこ持つのは４日ですよ。４日で減っちゃう。糸に当たる部分がね。もう取り替えなきゃいけない。

これをやってくれる職人が、全くいなくなって撥専門の人は絶対にいないですから。それだけでは食っていけない。

私ら一番よく頼んでいたのは、ビリヤードの玉を作る人。その人が片手間にやってくれていた。そういう人がいなくなって、あちこち頼んだけれども、人形町に三味線の撥専門の店があるんですが、そこへ頼んだらひどいもんですよ。いったい、義太夫の三味線の撥ってわかっているのか。この角をね、すげ替えるのにね、うまくこれを合わせられない。だからこっち（本体の方）から削るの。こっちから削って面を合わせる。撥、こう見たら真ん中から減っている。ひどいもんですよ。もう二度とあそこへは頼まない。それで料金がね、ものすごく高い。「片耳」いくらって。普通は一挺（両耳）いくらなんですよ。

人形の「首《かしら》」なんかは「クジラのヒゲ」なんかを仕掛けのバネに使いますよね。

私、クジラくらい、いいものはないと思っています。終戦直後ね、牛肉なんてのはね、まず食べられない。クジラだけはなんとか食べられた。クジラをねぇ、身を塊で買って来て、ステーキのようにして焼いて食べるんです。その時、フライパンの隅に脂が溜まる。それを小皿に入れて、そこへロウソクの灯芯を入れて、火をつけて、その灯りで勉強していました。終戦直後。「蛍の光」じゃなくて、和夫少年は「クジラの脂」で勉強していた(笑)。捨てるところはないですよね、クジラは。当時は最高のタンパク源だったですね、クジラを食べるってことは。

糸はねぇ、感動するのはふわふわの繭から何千回も縒《よ》って縒って、あれだけ叩いても切れない糸になる。だけど、糸もこの頃ちょっと変わって来た。

あれ、縒ってね、糊を付けるんですけど、糊はおもちを溶かした糊を使う。このごろねぇ、糊がずいぶん硬くなっている。糸をねぇ、「根緒《ねお》」(三味線の糸を結ぶ根元のこと)に結ぶときにわかる。硬いんです。なかなか曲がらない。ぎゅーと締めても、昔のようにぎゅーとしまってくれない。ギッギッギッとなる。糊が硬くなっている。

そのくせ、「三の糸」なんか弱いけれども、私が思うに「元糸《げんし》」の量が減って糊が多くなっていると思う。コメもお餅も変わってきているし、何もかも変化しているんでしょうね。

オーストラリア公演の合間に、二代目吉田玉男と一緒に。

●音色の艶

音に艶が出る…。ツヤを出す…。それは、その人の「性格」が出るんでしょうね。「性格」と、その文章の解釈で何を表現しようとしているのか。そういうことがいちばんの問題でしょうね。それと、今度は撥使いの技術ですよ。

私がいちばん綺麗な色っぽい音を出すと思ったのは、最近では先代の鶴澤燕三*さん。その前は野澤八造*っていう人がいた。この人は歌舞伎へ行っちゃった。ものすごくいい音。美音。だから歌舞伎へ行って「酒屋の段」（『艶容女舞衣』）をやったときに、あの中村歌右衛門（六代目）さんが、ものすごく喜んだ。「あの音で、私、動けるわ！」。でも、八造さんはお酒とね、身持ちが悪くて、松竹（文楽）であまり使ってもらえな

*五代目鶴澤燕三《つるさわえんざ》（1914〜2001）大阪市生まれ。11歳の時学校へ行きながら鶴澤才治に入門。18歳で四ツ橋文楽座にてデビュー。紫綬褒章受章。1985年、人間国宝に。1995年公演中の舞台で倒れそのまま引退。

*野澤八造《のざわはちぞう》（1902〜1963）大阪市生まれ。1912年に野澤吉彌に入門。その後、歌舞伎の義太夫へ。

くなって、歌舞伎へ行っちゃった。そういう人多いですよ。

豪快な三味線を弾いたのは綱造先生もそうだけど、野澤吉兵衛さん。あちらはねぇ、私びっくりしたことがある。『絵本太功記』十段目を一段弾いたら、かならず途中で糸が傷んでいるところを替える。糸巻きにたくさんあるから「糸繰り」をしなくちゃならない。ところが吉兵衛さんは、それをしないで一段弾けるんです。吉兵衛さんは「このまま明日も使うわ」（笑）それで音は迫力がある。大きな音をカンカンさせているんです。ということは、まったく無理のない撥さばきをしているということなんです。

喜左衛門師匠が私に言ってくれたことがあるんです。「あの、吉兵衛くんの、あの撥使い、見習えよ」って。

無理のない、本当に自然な、いわゆる抉《こ》じたり、無理に力入れたり、そういうことの全然ない、自然な撥使いでいい音をさせている。あれを見習えよって喜左衛門師匠が言ってくださった。無理に弾かないと三味線の方が勝手に鳴るんですね。あれは凄かった。他のジャンルでも、名人と言われる方は、豪快な人は楽器を鳴らしてますよね。無理やりの力技じゃなくね。

ヴァイオリンなんかは「名器だ！」なんてよくいわれるけど、義太夫三味線には「名器」っていうのはありませんからねぇ。消耗品ですから、文楽の三味線は。すぐ、棹《さお》に溝ができて、

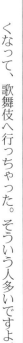

宝塚歌劇団に娘がいた組のトップ・スター高汐巴さんの名前を娘が勝手につけた「トモエ」と一緒に。（大阪城公園にて）

音や響きが悪くなる。そうすると削るんですよ。表面を削って滑らかにする。それを繰り返していたら、だんだん細くなる。細くなって来たら胴の大きさと釣り合いが取れないから音が悪くなってくる。消耗品なんです。

撥も消耗品だし。だから何億もするストラディヴァリウスみたいなものはないんです（笑）。

昔舞台で、「これはいい三味線だ」と思ったものでも、二十年後には家で使う稽古三味線ですからね。ははは。

板前の命は包丁とかいわれますが、あれも消耗品。段々、細くなって行きますでしょ。

板前さんで思い出したけど、私の師匠の友達だった、ある料亭の板前さんがね、文楽を聞きに来て、ある三味線弾きさんのことをね「あの人はあきませんなぁ」。

師匠がなんでと聞くと、「あの人は撥で弾いてまんがな」と言った。「我々ね、包丁で仕事してませんで。腕で仕事してますねん」と。

「あの人腕じゃなく撥で仕事している。あの人はあきまへん」って、わかるんですねぇ。

「わぁ、いいこと言うなぁ」と師匠が感心した。

文楽芸談

【第6章】三味線のこと

●昔は身近だった三味線

先日ケーブル・テレビで『トンイ』という韓国ドラマを見ていたら、なんだか符牒《ふちょう》みたいなものが、ドラマの中に出てくるんですよ。

あるシーンで悪い人が悪いことをする暗号を手で出す。それがなんだろうな？　と思っていたら、それを解読すると黒幕の人物が浮き上がってくる。それをいろいろ調べていた。これは仏教から来ているんだろうかと悩んでいるときに、ふと胡弓を憂さ晴らしに弾いてみて、あっ、ひょっとしてこれ楽典じゃないだろうかと。で、日本のお琴なんかだと「壱越《いちこつ》、断金《だんきん》」とかいって、十二調子*の音階、名称が付いているでしょ。これが3とかなんとか暗号で出した、それを、韓国での十二音階の名称に当てはめて、上の文字を並べると黒幕の人物の名前が出てくる。そういうエピソードがあって、これは面白いなぁと。ちょっと興味をそそられました。

こんなエピソードのように、いまは三味線音楽がふだんの生活から離れているけれど、昔は、もっと密接だった。文楽や邦楽の好きな方だったらご存知の「メリヤス*」。

映画でもメリヤスだったんですよね。無声映画時代の頃の「立ち回り」は文楽でいう、「水のメリヤス」。歌舞伎や邦楽でいう「千鳥」。

〽チンチリ、トチチン

＊十二調子
一本～壱越調
二本～断金調
三本～平調
四本～勝絶調
五本～下輿調
六本～双調
七本～鳥鐘調
八本～黄鐘調
九本～鳶鐘調
十本～盤渉調
十一本～神仙調
十二本～上輿調

＊メリヤス
舞台の進行上、人形の動きなどに三味線だけで伴奏する曲。さまざまな種類があるが、語源は定かではない。

東山三十六峰、静かに眠る丑三つ時、たちまち起こる剣戟の響きぃ～

チンチリ、トチチン　ってね。

あれ、歌謡曲にしているでしょう。袴をはいた歌手、えぇ～と誰だっけ。五月みどりじゃなく、畠山みどり！　そうそう。

あれがねぇ、

〽チンチリ、トチチン。昔、侍さんは本気になってチャンバラし～た。　ってね。

歌謡曲にありますよね。全く同じ曲で。ちょうど、あの「女剣劇」が流行った時代で、

〽むかし、侍さんは本気になってチャンバラしぃ～た。今は、おぉ～んながチャンチャン、バラバラ　ってね。そんな歌。

「メリヤス」もいくつぐらいあるんだろう。ここに團六兄*さんから写させていただいた「メリヤス集」のコピーがありますけど、ざっとあげても、

・嫗山姥（一の谷二、林住居）六段ヲ略シタル

・先代萩（床下）おなじ

・先代萩（床下）六方

・太功記　鎌倉三代記　逆櫓　木のぼり

・伊賀越　伝授場　立合（三下り）

＊竹澤團六
七代目鶴澤寛治の前名。

・伊賀越　大内記　槍の立（六下り）
・八陣（本調子）浪（三下り）
・八陣毒酒　白石逆井村　廿四孝　二　物語り（三下り）
・國性爺　セリ上がり（三下り）おなじ
・國性爺　ガク（三下り　一ヲ上ル）虎狩り（三下り）蛇（じゃ）本調子
・國性爺　紅流し　追ふ斧（二上り）
・忠臣蔵　霞ヶ関　城明け渡し
・堀川　与次郎　寝る時　ションベン（本調子）
・白石　浅草雷門　六角堂　手品（二上り）カルワザ（二上り）
・五天竺　牡丹子　唐（本調子）行列（二上り）
・大江山　三段目切り　保昌　石割（二上り）
・大江山　戻り橋　中ず里（本調子）
・小金吾殺し　笹引　忠臣蔵五段目　サグリ
・志賀の里
とか、まだまだわんさかあるわけです。
場面場面に当てはめていく「メリヤス」がいくつもあって、人形の動きを助けるように

「文楽座サロン」などで好評だった「口三味線の会」。（鬼鳥庵にて）

伸び縮みしながら演奏して盛り上げていく。ライブならではの演奏方法だと思います。また、聞き馴染んで、その旋律が聞こえてくると、その場面が思い出される。ただ、これを伝えるのがなかなか難しい。「五線譜的な楽譜」があるわけじゃないので、聴いて覚えるしかないんです。

今の歌謡曲や、それこそロックのサビの部分を聞くと、名シーンを思い出すようなものかもしれませんねぇ。

もっとも古いメリヤスが作られたのは、いまから三〇〇年ほど前。享保16（1731）年正月、江戸の中村座で演奏された『無間の鐘』だといわれています。本調子・二上りもあるんですが、ほとんどは三下がりです。

三味線を調弦するときの「本調子」というのはもっとも基本な三味線の調子なんです。まず、「一の糸」、そう一番太い糸ね。これをまずドレミで言うところの「シ」の音に合わせる。それに「二の糸」を合わせて四度上の「ミ」にする。それから「三の糸」は「一の糸のシ」の1オクターブ上の「シ」に合わせます。これが本調子。

「二の糸」だけを本調子から二音上げると、これが「二上り」。つまり「シ・ファ#・シ」ですね。「三下がり」というのは、「三の糸」を本調子から二音下げたものですね。「シ・ミ・ラ」となるわけです。

野崎村（『新版歌祭文』）の段切とかは一調子上がります。と言うことは3本の糸が全部二音上がる。

演奏をご覧になっているとわかりますが、三味線の糸はすぐ緩むんです。だからしょっちゅう、糸巻きを巻き上げているでしょ。これは長唄や端唄でも変わらない。糸巻きをぎゅっと押し込みながら巻き上げて音を確保しているんです。もちろん、自分の耳が頼り。床で「調音笛」吹くわけにいきませんしねぇ（笑）。

音の出し方も色々あります。基本は3つ。

「ヒク」…もっとも基本ですね。糸を上から下へ弾き下ろすこと。

「スクウ」…ヒクの逆で糸の下から上へすくい上げながら弾くことです。

「ハジク」（ハジキ）…棹を押さえている左手の奏法です。
　押さえていた指で糸を弾いて音を出します。

基本はこの三つ。あとは「スリ手」というのもあります。

師匠から教えられるときは「口三味線」といって、実際の音じゃなく左の図のような符号のようにして覚えます。これは、中棹や細棹など、他の三味線とは違います。小唄だと当たり前だけど、一の糸を弾いてもドーンと言う感じにはならない。音の長さも変わるので拍が伸びるときは「チーン」のように母音を伸ばして表現します。

開放弦

	ヒク	スクウ	ハジク
一の糸	ドン	ロン	ロン
二の糸	トン	ロン	ロン
三の糸	レン	レン	レン

一の糸と二の糸の重音

開放弦	ジャン
勘所を押さえる場合	ジャン
いずれかの糸をスクったり、ハジいたりする場合	リャン

勘所押さえる場合

	ヒク	スクウ	ハジク
一の糸	ヅン	ルン	ルン
二の糸	ツン	ルン	ルン
三の糸	チン	リン	リン

二の糸と三の糸との重音

開放弦	シャン
勘所を押さえる場合	チャン
いずれかの糸をスクったり、ハジいたりする場合	リャン

師匠から教えるときに「テーン」と「テ〜ン」とは、意味が違うことを教えますが、師匠によって表現方法もさまざま。要はその音がどのような「情景」を伴う音かというのを覚えていくしかありません。

●音色で情景を描く

でもねぇ、まぁ、三味線の弾き出しだけで、雰囲気を作れるかというととんでもない、ふつうは作れっこない。「ジャ、ジャ〜ン、ジャ〜ン、ジャン、なんとかぁ〜 ツツ あぁ〜」こういうことだけで御殿の雰囲気を…無理です(笑)。

例えば「熊谷陣屋」(『一谷嫩軍記』)だったら「なんとかぁ〜あぁ〜、」って出だしがあるでしょ、その三味線も太夫も、これは「三段目」だぞ、だいたい「三段目」というのは、ゴツく、力強くやるっていうのが基本なんです。「四段目」は緩やかに、ことに金襖《きんぶすま》がかかった「四段目」は華麗にやる。それが基本です。

それを忠実に、頭に描いて、やるだけのことなんですけどね。これが難しい。

師匠が、『良弁杉由来《ろうべんすぎのゆらい》』の「二月堂の段」を弾いていた時の話があります。

良弁僧正のお母さんがわかって、お母さんを自分の駕籠に乗せて、帰ろうとするときに三味線が、「(徐々に音が上がっていく)チチチチチチ、チチチチチチ…」という手があるんです。

「わしなあ、これがどうしても弾けんねん。」と師匠が言ってた。

ふつうに私が聴いてもいい音がしているんですよ。

あるとき、「これがなぁ、弾けるようになってん。ある映画を見に行ってな。弾けるようになった」っていう面白い話をされたんです。

この「チチチチチチ、チチチチチチ」という音は自分で意味付けようとしても、意味がない、だから、意味がわからない。意味をモテないから弾けない。そこが弾きにくかったんです。それをね、あるとき、師匠が映画を見に行ったら、ニュース映画で、ヨーロッパのどこかの国の「木こりのコンクール」をやっていた。木こりが高い木の上に、ロープなんかを引っ掛けてせっせと登っていくでしょ。その競争を観客が見ていて、皆んな、ずぅ～と視線を上げて見ていく。

師匠は「これだ！」と思ったらしいんです。良弁僧正が、木をずぅ～と見上げていく。

赤ん坊の時に鷲に連れ去られて、あそこの木の枝に止まって、それを助けられて、今日があるんだなということをずぅ～と杉の木を見上げて、思い出す。「それだ！」と思ったら弾けるようなったと。

別に、前に弾いていたのとたいして変わらないんだけど、気持ちだけでも変化した。視線の動き方を…チチチチチって音に込められるようになった。

ということは、三味線でほとんどの情景というか、場面を創れるということなんですね。

私は、そうしなければならないと思ってますね。理解し、音色で描いていく。文楽の三味線は太夫の音階をリードしているだけの三味線ではいけないと思ってます。

それを創り出せる技量があるから「一撥」というか、「一音」で、ざぁっと情景が描けるようになるんです。逆を言えば、意味のない音は「一音」もないんです。

だから長いものを作曲する時は、ここは「節《ふし》」にしようか、ここは「詞《ことば》」にしようかというところから始まるわけです。

私が『夏祭浪花鑑《なつまつりなにわかがみ》』の「道行妹背《みちゆきいもせ》の走書《はしりがき》」を作曲したのが昨年（2018年）秋の東京公演で出たんです。これは「道行」ってなっているけど、「道行」らしいのはほんの少し。二、三行だけですよ。あとは人が首吊って、あるいは殺したりのつまらない物語。だけど、どこからどこまでを「道行」としてある。その原本にですね、ある程度指示してあるんですよ。ここは「節《ふし》オクリ」にしてくれって書いてある。

「節オクリ」にするということは、道行の枕（=冒頭部分）で、人形が出て来ずに、チチンチチ、チチンチンチン、っていう合いの手があるんです。あれが「節オクリ」なんですよ。

で、原本に「節オクリ」って書いてあるから、節オクリにしなきゃしょうがない。その制約があるだけで、あとはもう、私の感覚でやります。ここはまぁ、「詞」にしちゃおうとかね。まぁ、そういう感じですね。

出来上がったら、私が弾き語りでテープに入れて、太夫さんや、みんなに聞いてもらっておいて、先に床は床チームだけで稽古します

人形遣いにも太夫・三味線が先に稽古して、半分、ほぼ出来上がった状態でテープを渡すんです。だから人形さんはそれで稽古している。「舞台稽古」っていうのは、もうほとんど出来上がっている。

「それに遅れているようではプロではない」ですって、はっはっは、まぁそうですかねぇ。よく感心されるのですが、文楽では常にバラバラで稽古していて、「舞台稽古」は本公演の前に1回だけです。よく、1回で合わせられますねって言われる。まぁ、普通、お芝居なんかだと何ヶ月も稽古しますけどね。おんなじことを毎日、何日とやっているのに。

文楽でも新作だけは数日やります。新作の時は、例えば私が作曲したら、太夫が私の家とかに来てまず稽古する。何日も稽古しますでしょ、いわゆる1日だけの「舞台稽古」にあげるときには、太夫・三味線はもう仕上がっているんです。

だから、あと、照明とか音響とかの段取りで数日の稽古がいる。「舞台稽古」っていうと

それなんです。

いわゆる段取りをどうするかという、いわゆる全体を見る「最後の通し稽古」なんですね。人形も、三人だから、常に三人でやっている時と、相手のまた三人がいるわけですから、人数多くなるともっと大勢。バラバラに稽古していて、たった1日でそんなにうまくいくのかなと。不思議といえば不思議ですねえ、考えてみれば。

でも、それが文楽なんですよ。自分で稽古して相手に合わすべく精進する。そういう意味では、完全にプロの集団ですねぇ。と、いうか、一人ひとりが「個人事業主」ですからねぇ。ちゃんとやらなければ、相手にされません（笑）。

●太夫と三味線が描く世界

よく私がお話しするときに、文楽では「太夫が演出家」だとよく言うんですね。太夫がねぇ、その人物を、こう言う人物だとまず決めていく。これ、一番難しい仕事です。

例えば、『新版歌祭文』の「野崎村の段」。ある太夫に言ったんです。「ちょっと達者すぎるよ！　久作が。水呑百姓って自分で言っているから。君のやっているのは、元気いっぱいだ。達者すぎだよ」って。久作はもう少しお爺さんです。

それに同じお爺さんでもね、親の久作と、『恋飛脚大和往来《こいびきゃくやまとおうらい》』の「新口村《にのくちむら》の段」の孫右衛門は全然違う。新口村の孫右衛門は、もっと教養のあるお爺さんです。だから、人物を作るところから始まるから太夫が演出家だと思うんです。

三味線弾きはそれを補佐するだけで、だから状況も、人物の心情も、太夫がそれぞれ考えて、演じなきゃいけない。それには口伝とか言い伝えとかあって、師匠の教えとかもあるでしょうけど、だいたい参考になるものをいま聞けるわけです。テープがありますからね。

昔は何も聞くものがなかったから自分でこしらえたんです。「丸本《まるほん》」＊を読み込んでね。今はときどき、「師匠、そんなんやってたかぁ？」ということもある。取り違えている時もあります。

物語というか、芯になる世界は太夫が創っていくんですが、劇の情景的な部分や雰囲気は三味線が担当して支えていく。

まず一番最初に三味線を引き出したときに、一応、その雰囲気というものは創らないといけない。

「オクリ」というのがあります。

「テ～ン、テ～ン、テ～ン、テ～ン、トトン、ド～ン」これ、ものが時代物と世話物とでは、当然ながら違う。

例えば、時代物で鎧武者が出てくる三段目物は、「テ～ン、テ～ン、テ～ン、トッ、ト～ン、

＊丸本
義太夫節の台本。1曲を省略せずに全段収められているもの。部分的に抜き出しているものは「抜本《ぬきほん》」で、稽古用の抜本は「稽古本」と呼ばれている。
義太夫節を歌舞伎で上演するものは「丸本物」と呼ばれる。
また、義太夫節を1頁に5行ずつ記して木版刷りしたものを「5行本」とする。

ト～ン、トントントン…」。それと四段目風というのになると、同じ時代物でも、『本朝廿四孝』の「十種香の段」なんかだったら、もっと綺麗に「テ～ン、テ～ン、テ～ン…」。これも道具が良くなくちゃならないんです。このごろ、皮が悪いですからね。余韻が無い。だから「テン、テン、ツ、テ～ン」と弾いていると、これは雰囲気でないでしょ（笑）。

また同じ時代物でも、『絵本太功記』の十段目のような田舎の家内の場面と、『伽羅《めいぼく》先代萩《せんだいはぎ》』のような金襖がかかったところとでは、三味線の弾き方も違う。きらびやかに洒落て弾かないと。金襖もない場面でそんなことしたらどやされる。

だけど「熊谷陣屋」みたいな、三段目物だと、

「チン、トン、チン、トン、トーン、トトーン、トーン、トトーン、トン、ジャラン、ジャン、ジャン」このジャランという音が、グシャッとなったりしたら気が萎える。いい音がしないとダメなんですねぇ。

そう弾きたい、そいう音をさせたいと思うほどに、音がしない（笑）。

まぁ、師匠にもよく言われた。前にもいいましたけど、

「何を弾いているんだ、そこはお姫さんやろっ！　お姫さんを弾かんかっ！」

しかし、本当に上手いこと叱るなぁと。「おまえの弾いているのはなぁ、絣の着物にタスキしてなぁ、井戸端で大根洗うてるおばはんや！」、はっはは、上手いことというなぁと。

クラシックというか、交響楽団でも、プロで上手くなったら、そういう教え方になるんでしょうねぇ。最初、例えば音楽教室みたいなところだったら、ドはドですよとか、そこはミじゃない、レだよとか具体的なんでしょうけど、どんどん技量が上がっていくと、抽象的というか、物語性みたいなところが重視されるんでしょう。叙情性とか、そういうものになるんでしょうかねぇ。舞台で具体的に半音上げろとか言ってても間に合わないですからねぇ。

御殿と田舎の家の佇まいとかは、あくまでも三味線の音での表現ですから。音に気持ちをどう入れるかにかかってきますねぇ。

イメージとしては、例えば雪の降っている貧しい新口村の家という絵は頭の中にあるわけですけど、画用紙に絵を描くわけじゃない。

それを三味線の音として、どう出すか、自分なりにどう出そうかという、修行というか稽古するわけです。だから、つねに、いつまでも修行なんです。

どんなきらびやかな御殿か、雪が降っていて寒さがどれくらいなのか、すべて勉強しながら描き出していきます。間口が何間で、温度が何度なんて誰も教えてくれない。自分で考えていかないとね。

●人間修行は音に出る

昔は、文楽以外の仕事も結構ありました。経済的に助かることもありました。昔の文楽の方は貧乏生活でしたからねぇ。歌舞伎のほうがずっとお給金がよかった。

他の分野でもいろいろでしたねぇ。長唄なんか、例えば、吉住小三郎《よしずみこさぶろう》さんという家元がいらっしゃいましたが、絶対に舞踊会とか歌舞伎に出演しない。長唄の演奏だけなんです。

そしてお弟子さんがたくさんいて、大変、立派な流派です。そういう流派もあれば、歌舞伎に出ずっぱりの菊五郎劇団専門の方もいるし、舞踊会ばっかりに出ている方もいる。

文楽の三味線だって、昔は相当出たんですよ。舞踊会にね。歌舞伎出演もありました。非常に経済的に我々も助かった。歌舞伎は、公演期間が長いでしょ、25日間ぐらいでしょ。それで文楽の舞台より良い給料で、そりゃぁ、有り難かったですねぇ、歌舞伎出演は（笑）。特に澤瀉屋は文楽をよく使ってくれましたねぇ。

それでね、喜左衛門師匠やうるさい人にさんざん悪口言われたけど、文楽の三味線は歌舞伎に出演しても「踊り」の部分にしか出演しちゃいけない。歌舞伎役者にセリフを言わせてはいけないと言う不文律があって、歌舞伎の『義経千本桜』の通称「四の切」、つまり「河連法眼館の段」なんかは違法なわけです。昔からの常識でいくとね。

ところが絶対に文楽の通りにやりますと、綱太夫・彌七コンビが中村勘三郎＊さんの「四

＊吉住小三郎（六代目）（1931～2006）東京芸術大学邦楽科卒。祖父の四世小三郎が歌舞伎の付属音楽であった長唄を独立させ、父五世小三郎も東京音楽学校で後進の指導に当たる。六代目は1963年に襲名。

＊中村勘三郎＝十七代目

の切」に出て、あの切場をやったんです。文楽を尊重する勘三郎さんのたっての願いでね。その公演を歌舞伎座でやって、御園座でやって、京都の南座の顔見世でやってと、3公演やったんです。あれには連れ弾きが出るでしょ、私が全部連れ弾きをやった。

千秋楽にね、勘三郎さんとこへ挨拶に行って、「千秋楽おめでとうございます。ありがとうございます」って言ったら、もう次のお化粧を始めていらしたんですが、振り向いて私の顔を見て「よかったねえ、よかったね、いいお仕事してよかったね」。

もう忘れられない。「いいお仕事できてよかったね」と言っていただいた。

実は、その前にね、高麗屋がやったんですよ、1日。1回だけ「日向島」（『嬢景清八嶋日記《むすめかげきよやしまにっき》』）を。新橋演舞場で。これも先々代の松本幸四郎、つまり初代の白鸚さん。「日向島」を、これも文楽の通りやった。仲が悪かったんですよ、勘三郎さんと白鸚さん。「あいつがやるんだったら、俺もやるっ」てね（笑）。

それが好評だったんで、中村屋さんは、もう一つやりましたよ。「二月堂」、『良弁杉由来』ですね。もうねぇ、良弁杉のおばあさん。良弁僧正を梅幸さんがやった。そのおばあさんねぇ、もうどうしてあんなに涙が出るんだろうっていうくらい涙こぼして、ポロポロ涙を流して、やってましたねぇ。

最近は、文楽と歌舞伎の交流というのは減りましたですね。

市川猿之助さんね。猿翁《えんおう》さん。彼が「猿翁十種」というものの中の、文楽が出る『小鍛治《こかじ》』と『二人三番叟《ににんさんばそう》』と『酔奴《よいやっこ》』という3つをよくやった。猿之助さんの巡業で、ひと月『小鍛治』で回ったことがあります。猿之助さんが一番多く文楽と付き合った歌舞伎役者ですかねぇ。

最近は文楽の方の公演数が多くなったし、地方公演もありますしねぇ。そうそう私、「国立劇場」が開場した時も、帝劇と掛け持ちしていたんですよ。帝劇もあの頃できたんです。

帝劇が何をやったかというと、平岩弓枝さんが書いた、松緑*さんが振り付けした舞踊物で、題名がなんだったかなぁ。その時、おかしかったなぁ、あの歌右衛門がお姫さんの役でね、帝劇はねぇ、奈落の下、地下3階なんですよ。そして普通の芝居小屋じゃない。歌舞伎座と違うから、リノリウム貼って鎹《かすがい》を打てない。（舞台装置の）屋台が乗っけてあるだけ。その屋台の隅で歌右衛門さんのお姫さんがこうして柱に取り付いている。「セリ」でがぁ～と上がってくるときに、屋台の屋根が壁に引っかかって、がたっと傾いた。ガッガガッと止まりかけたら、屋台が斜めに傾いちゃった。

私ら舞台上からどうなったんだろうと覗いていると、舞台は暗転なんですけど、下から金切り声の歌右衛門さんの声で、「止めてぇ～、止めないと私が死んじゃうよぉ～！」と。

---

*松緑＝二代目尾上松緑

笑っちゃいけないけどみんな笑っちゃった。なにしろねぇ。ボタン一つで操作している。昔は、そういう危ないことが起きたんですねぇ。

文楽の先輩にも、後輩にも、意地の悪い人もいりゃぁ、いい人もいましたねぇ。まぁ、私は寛治*師匠にも、喜左衛門師匠にも可愛がってもらいました。それから作曲の名人だった松之輔師匠にもえらい可愛がってもらえた。幸せだったですよ。ちょっと先輩で意地の悪い人はたくさんいましたねぇ（笑）。ほんとにいい人というのは伊達さん。伊達太夫ね。そう、前に話しました「下駄持って汽車を追っかけてきた」という人物。そういう人なんです。

私はいろんな先輩のお葬式に行っても泣いたことはないんだけど、伊達さんの時だけは、お内儀さんの手を握って、わんわん泣いてましたねぇ。

それから、これは文楽以外の方だけど、すごい人は各界にいらっしゃいます。

私が新橋演舞場に踊りの会へ出ていた時のことです。夜遅くまで稽古やってた。そして、「あぁ〜もうあかん、早よ帰って寝よ」と思って、ふらふら出て来てすぐ横の東急ホテルの前に来たんです。そうしたら車が止まっていて、ドアが開いている。その車に乗ろうとする人がいたんですね、私は車の外側を歩かなきゃいけないんだけど、疲れてもうろうとして気が付かなかった。つい、その人と車の間を通っちゃった。普通だったら、乗ろうとす

*寛治
＝六代目鶴澤寛治

る人がいたら、その前を通ることはない。もう寝ぼけたような気分だった。そうしたら車に乗ろうとした人と肩が触れたんですよ。「あぁ、いけねぇ！」と思ったんですが、私が思うより先に、車に乗ろうとしていた人が、ぱっと一、二歩下がって、「失礼いたしました！」ってお辞儀をしたんです。こっちはびっくりして「いやいや、こちらこそ」って、顔を見たら三波春夫《みなみはるお》さん＊だったんです。

こんな見も知らない通りがかりの人間に、それだけ礼を尽くせるというのは、きっとこの人はすごい人だ偉い人だと思ったら、本当にすごい人だった。だって、8月は劇場が全然入らないからって、空いている月を使って20年間ワンマンショーをやった人なんですよ。歌舞伎座でですよ。すごい人だなって思って。

ちょっと肩が触れたぐらいでそんなきっちり挨拶される方は、そうはいない。

もう一度はねぇ、私の娘は宝塚にいたんですが、東宝系の芝居に出てたときに、私が娘の芝居の切符を楽屋口に取りに行った。楽屋口で待っていたら、そこへ誰かが、とことこっと走って来てパッと触れた、「あっ、いや、失礼しました」って顔を見たら、なんと小坂一也《こさかかずや》さん＊でした。たしか、私と同い年でしたねぇ。

やっぱり人間ができている人は、芸も凄いと思いますねぇ。だからね、「修行時代」なんてないんです。一生通して修行だと思います。

＊三波春夫
（1923〜2001）
新潟県生まれ。浪曲師出身。国民的な人気を誇った演歌歌手として有名。

＊小坂一也
（1935〜1997）
名古屋市生まれ。歌手。カントリー＆ウエスタンのワゴンマスターズのボーカルとして人気を博す。「元祖和製プレスリー」といわれた。のちに俳優でも活躍。

●名誉はいらない…

死ぬまで修行で、その主義主張も私はやめない。

つまり平和を願う。これはねぇ、文楽がこれからまだ、発展・存続することと同じことだと思うんですよ。平和を願うことは。

自分のことなんか考えてません。平和を願う気持ちというのは、孫の代から、その孫の代まで戦争が起きないように、願う平和の気持ち。それが文楽存続を願う気持ちとおんなじだということですね。と、思うんですよね。だから私は、あれにも入ってますよね。「9条の会」。

そんなことをずっと言っていると、いつまで経っても「名誉」はもらえないよとかいう人もあります。

返事は「いいよ、もらわなくたって！」。

なんせね、横山ノック*が知事になった時、こんな知事じゃいけないんじゃないかって。当時、共産党推薦の鰺坂真《あじさかまこと》*先生という関西大学の名誉教授が大阪府知事に立候補したんです。その応援しないかって言われた。

難波の高島屋の前のロータリーのところで、2万何千人集まったんですよ。そこへ私、舞台を終わって駆けつけて、宣伝カーの上に立たされて、不破哲三*さんや、亡くなった

＊横山ノック（1932～2007）元漫才師。「漫画トリオ」として絶大な人気だったが1968年に参議院議員となり、1995年に大阪府知事に当選。

＊鰺坂真（1933～）鹿児島県生まれ。関西大学名誉教授。1999年と2000年の大阪府知事選挙に立候補したが二度とも落選。

＊不破哲三（1930～）東京都生まれ。不破哲三はペンネーム。本名は上田建二郎。数々の日本共産党の重職を担う。元衆議院議員。

NPO文楽座には名誉顧問のドナルド・キーン（鬼怒鳴門）氏と鳥越文蔵氏のお名前からとった「鬼鳥庵」というレクチャールームがある。トークサロンでお得意の話芸を披露。

ジャーナリストの黒田清*さん、それから共産党の副委員長が2、3人が並んだ中で私、応援演説をやったんです。ただ、それがね。NHKが全国にニュースで流しちゃった。私の顔がテレビに出ちゃった（笑）。そしたら「文楽に、アカがいる」って大騒ぎになって（笑）。ふっふっふっ。

文楽には「赤姫」はいますけどねぇ（笑）。アカはいませんよ。

● NHK木曜時代劇『ちかえもん』

武者修行じゃないけど、他流試合には最近も出ましたよ。NHKドラマの『ちかえもん』。最初に話があった時は、作曲と義太夫指導をお願いしますという感じだったんです。

---

*黒田清（1931〜2000）大阪生まれ。京都大学経済学部を経て読売新聞社へ入社。「黒田軍団」と呼ばれたチームでの鋭い取材記事で菊池寛賞などを受賞。

現行文楽の近松門左衛門原作の『曽根崎心中』は、ほとんど文章を変えていますからね。「道行」の部分だけですから文章がそのままなのは。「天満屋の段」も「生玉社の段」も、まともにやっていたら、4時間も5時間もかかるし、面白くない。元々は読み本に近いですから。だから劇的に面白くないから、宇野信夫先生が文章を変えて、いい曲になるように、昭和30（1955）年に作り変えられたんです。四ツ橋文楽座でした。お初が吉田栄三、徳兵衛が初代の吉田玉男でしたね。そうそう、そのときにお初の人形に「足」がついた。元々、女の人形には足がなかったですからね。

近松の文章というのは「字余り、字足らず」で有名です。いい曲になりにくい。いい曲になるように宇野信夫さんが脚色した。その力が大きいんですよね。それで名作になったんです。だけど、『ちかえもん』の劇中劇を演るにつけては近松の原作でなければいけない。普段と全然違うんですよ。で、私が作曲して…。面白くなかったですけどね（笑）。

あれもそうですよ、近松の第1作の『出世景清《しゅっせかげきよ》』。あれも面白くはなかった。それで『曽根崎心中』もみんな、私が作曲して演りますよと演出の方には言っていた。

誰が義太夫を語るんですかって聞いたら、北村和夫《きたむらかずお》さんの息子の北村有起哉《ゆきや》くんていうのが演りたいっていうから、「えっ？」となった。で、三味線はどうするんですかって聞くと、「三味線弾ける人をこれから探します」っていうから、「バカなこと言っちゃいけない、

NHK ドラマ『ちかえもん』（2016 年）。
竹本義太夫役の北村有起哉さんと竹澤権右衛門役の竹澤團七（©NHK）

いまから世界中探したっていませんよ」って（笑）。絶対、見つかりっこないから、私が弾きますよとなっちゃった。

私が作曲するんだから、そんな障害なくやれるはずだし。私が演りますから、映すんだったら私の手だけを映せばいいじゃないですかっていったら、「いやいや、三味線弾きの顔も映したい」って。

それで出ることになったんです。それからカツラかぶって「竹澤権右衛門」になっちゃった。

でも、北村有起哉くんには感心しました。最初ねぇ、とてもものにならない。これはもう太夫にやらせて口パクで映すしかないなぁと思いながら、ＮＨＫのスタジオで5、6回稽古したんです。

そのうち、あれっ、まぁなんとかなるかなって思った。それからだいぶ稽古して来た。だから最後には、あの番組見てもなんとかなっているでしょ。

放映している時、文楽の舞台稽古の日に住太夫兄さんが私を呼んで「あれ、見てるで。おもろいなぁ。それにあの北村はんの息子、よう覚えよったなぁ」って。

最初はねぇ、本当にどうにもならなかったんです。で、有起哉くんに聞いたら、家で大きい声で練習していたら、ちょうど1歳の赤ちゃんがいて泣き出してしまう。だから私の声と音を入れたテープや資料をもって、カラオケ・ボックスへ行って、そこでずっと練習してたんだって。彼も役者根性でやりましたねぇ、あれには私も感心した。本番の時はNGなしでいったんですからねぇ。大したもんですねぇ。

共演していた大旦那役の岸部一徳さんと佐川満男さん。この二人がねぇ、いろいろ聞くんですよ、私に三味線のことを。

「調子はなんですか?」、「基本になる音はなんですか?」とかね。

基本になる音はこの一の糸のドーン、二の糸があって、三の糸の開放弦が一の糸の一オクターブ上で、このさらに一オクターブ上がチーンっていう、私ら文楽ではカンっていう、その上にまだ1オクターブ以上の声が義太夫では必要なんだと、「有起哉くんはそれを出すんですよ」って、言ったら二人とも「へぇ〜」って。でもよく考えたら二人とも元はミュージシャンだった(笑)。元ザ・タイガースと歌手ですもんね。

佐川満男さんも、あの時は75歳ぐらいだったといったと思うのですが。私は80歳だった。で、トイレで一緒になった時、横から本当に80歳ですかって聞いてくるんですよ。ふっふっふ(佐川満男は1939年生まれで四歳年下)。

いまは、老け役が多いけど歌を歌ってた時は綺麗だったのにねぇ。

『ちかえもん』での撮影は本当に苦労がなかった。私が作曲したものをやらしているわけでしょ。誰にも文句も言われないし、あんな楽しい仕事なかったですよ（笑）。

もう、楽しくって楽しくって。本番撮っているときに、有起哉君が、つまり竹本義太夫さんが、権右衛門の私に向かって、「お師匠さん、なんか楽しそうですねぇ」って。わっはっは。

誰かに言ってたらしいですよ。「内心は私が緊張してカチカチになってやっているのに、團七師匠はすごく楽しく演っている」って。確かに楽しかった。だって、富司純子さんに、高岡早紀さんに、優香ちゃんに、早見あかりちゃん。綺麗な人いっぱいに取り囲まれて仕事しているんだもの。文楽の楽屋とでは、天国と地獄みたいなもんですから（笑）。

●楽しく観ていただくのがいちばん

NHKなんかは全国ネットだから、どなたでも観ておられると思うんですが、東京の「国立劇場」と大阪の「国立文楽劇場」だとお客様の反応もずいぶん違いますね。

文楽はやはり上方のものだし、色にしても着物の着方にしても、やはり違いますねぇ。まぁ、三味線は、東京との違いというのはありません。

いま、三味線が舞台用のもので5挺あります。でも、先月も皮が破れた。で、とっかえひっかえ、張り替えて5挺の中で、この曲に合うだろうと思うものを使っていく。この作品に合うものを使っていくんです。

時代物と世話物でも三味線も選ばなきゃならない。その時の皮の具合で、綺麗な優しい音が必要な場合とかね。また、バチーンと力一杯叩かないと高音が響かないという三味線もあるし…。

まぁ、大阪の国立文楽劇場に来てくださるお客様は、好きで楽しんで聞いてくださっているんですが、東京の国立劇場はなんというか、勉強というか研究しにきてくださっているような方が多い、そんな感じがしますね。これは演っているほうもつまらないんで、やっぱりお客様には楽しんでもらいたい。

まぁ言うほどの違いはないと思うんですけど、やっぱり気持ち的なもんですかね。なんかねぇ、「今日は団体さんかぁ…」と、なぁんかシラーとしている、なんか場違いなところへ連れてこられたなぁという感じのお客さんの時は、こっちもちょっと乗らないですね。

好きなお客さんだと盛り上がったところで自然と拍手が来ますからねぇ。

●これからの文楽

えっ、これからの文楽でなんか思っていることはありますかって。

これからの文楽ねぇ。まぁ、「伝承芸能」ですからねぇ、これからどう発展して言ってほしいというものはない。

とにかく私らがやってきたことを伝える。だから弟子には私の感覚、私の個人的な思いで教えることはまずない。「こう教わったよ！　こういう風に師匠がやっていたよ」と。弟子の君に伝えるんだから。私は教えはしません。伝えるだけです。だからそれを続けてほしい。また、それを続けていくしかない。

バトンを渡すとき、弟子が受け取ったなと思われた時が、免許皆伝というか、やりがいのあるときなわけです。だけどね。伝えている中でも、自分が自信を持って伝えているかというと、そんな時ばかりじゃない。自信なく、こうなんだけどなぁ。師匠はこうやってたし、僕もこう思うんだけど、まっ、そんな時もあるし。はっきり、それは違うよと、師匠はこうやってたよ、これがほんとだよと。はっきり言える時もあるし。

だけど不思議なんですけど、人形遣いの方には、まったく接点がないですね。舞台での芸での交流は人形遣いさんとはほとんどというか、まったくないと言ってもいい。

以前に私が作曲した『西遊記』の一番最後の段「祇園精舎の段」で、あれは劇場のミス・キャストだと思うけど、孫悟空をある太夫にやらしたんですよ。か細い声を出していた。その時に簑助さんが孫悟空を遣っていて、一番最初にね、舞台稽古の時に、人形を持って床の近くまで来て、「おぃっ！　孫悟空はこれやぞっ！　よう、見てみぃ」。

そりゃ言われるだろう。か細い声出していたら。まぁ、そういうことがたまにありますけどね。

昔は、よくあったらしいけど、まぁそれも原作というか、「丸本」を大事にするために、これはこうするのが正しいでということなんでしょうね。だから私は「太夫は演出家である」と。太夫は全体を作らなきゃいけない。太夫の感覚でね。

いまも勉強するかって？　「蝠聚会《ふくじゅかい》」でしたっけ、三味線弾きだけがやる素浄瑠璃の会がありますよね。ええ、私もねぇ鶴澤清介＊くんが僕に一度出てくださいって言いにきたことがあるんですだけど。でも、照れ臭いからいやだって（笑）。ふふふ。

みんな好きですからねぇ。語りたいんですよ。鶴澤燕三＊くんも竹澤宗助＊くんも演りたいんですよ。「兄さんは良い声だし、上手だし。いっぺん出てください」っておだ

娘とトモエと一緒に

＊鶴澤清介
（1952〜）
大阪府生まれ。1973年、二代目鶴澤道八に入門。翌年初舞台。1982年、鶴澤清治門下となる。

＊鶴澤燕三（六代目）
（1959〜）
国立劇場文楽第4期研修生。五代目燕三に入門。同年初舞台。2006年に燕三襲名。

＊竹澤宗助
（1960〜）
国立劇場文楽第5期研修生。竹澤團六に入門、團治と名乗る。1995年、宗助と改名

てられているんですけどね。なんせ、恥ずかしい（笑）。

でも、最近、出ても良いかなと思い始めた。やってみたいのは私が作曲したものがあるからなんです。

島崎藤村の「傘のうち」という詩があるんです。これ、梅川・忠兵衛の道行なんですよ。雪じゃなく雨の道行。それを義太夫曲にして、それを弾き語りにして演りたいなぁと。誰かに聞いてもらいたいなぁと。まだまだいろいろ演りたいですね。

三味線が好きなものですからねぇ…。

「令和」と年号が新しくなった2019年の12月8日で私も橋寿《はしじゅ》の84歳。

文楽のあれやこれやをちょっとつぶやいてみました。他愛ない「つぶやき」ですが、少しでも楽しんでいただけたのなら、うれしいですね。

喜多川歌麿「実競色乃美名家見」契情梅川・飛脚屋忠兵衛

島崎藤村「傘のうち」

二人してさす一張《ひとはり》の　傘に姿をつゝむとも
情《なさけ》の雨のふりしきり　かわく間もなきたもとかな
顔と顔とをうちよせて　あゆむとすれはなつかしや
梅花の油黒髪の　乱れて匂ふ傘のうち
恋の一雨ぬれまさり　ぬれてこひしき夢の間や
染めてぞ燃ゆる紅絹《もみ》うらの　雨になやめる足まとひ
歌ふをきけば梅川よ　しばし情を捨てよかし
いづこも恋に戯《たわむ》れて　それ忠兵衛の夢がたり
こひしき雨よふらばふれ　秋の入日の照りそひて
傘の涙を乾《ほ》さぬ間に　手に手をとりて行きて帰らじ

島崎藤村『若菜集』（1892年春陽堂）「傘のうち」より

【『ちかえもん』に共演して】

北村有起哉

ＮＨＫの木曜時代劇『ちかえもん』というドラマで竹本義太夫を演じたことがありました。呑気に快くお引き受けをしましたが、なんとも無知で無謀とはあのことですね。

大阪の国立文楽劇場のリハーサル室のような場所で團七師匠と初めてお会い致しましたのが撮影を控えた2ヶ月ほど前だったたと思います。顔合わせを含めた初稽古でございました。

お師匠の印象は、背筋がピンと、喋りがシャンとしておりまして。真面目なお方かと思いきやフフフと見せる含み笑いが妙にセクシーで。4年前ですから、師匠はその当時もうすでに80歳だったわけです。〝はぁ〜、伝統芸能に携わる方々はますます年齢不詳なんだなぁ〟と。勝手に思い込んでました、お許しください。

師匠はこのドラマのためにわざわざ『曽根崎心中』や『出世景清』のオリジナルの作曲までしていただきまして。この顔合わせの日にはすでに、ごっそりと課題曲が用意されておりました…。

役者という生業《なりわい》は時にして無理難題の設定をはったりで勢い任せでやることもあります。しかし古典芸能はごまかしがきかない、ということくらいはもう知ってます。お忙しい公演の合間を縫って師匠自らが、ど素人の私に手ほどきをしてくださいました。鈍感さも大切だと思ってこれまでなんとなく生きてきましたが、ことの事態に直面し、

ん？　え？　ん？　え？　あぁ…。

これぜんぶやるのー!?　うへー!!

という冷たい焦りが襲ってきました。

当時私は旅公演中の真っ只中で、声もかすれ気味。高い声が出ません。弱音を吐くわけじゃなく、カラオケボックスでもなく、

〝師匠、もう少しキーを下げてもらえませんか〟とお願いしたら、

〝これが一番低いです〟と、さらり。

実はこの、さらりとおっしゃった師匠の雰囲気がとても印象的でした。私の厚顔無恥なレベルの低い要求に対して、師匠は愛想を混ぜるわけでもなく、今、僕が置かれている状況に同情するわけでもなく、さらりときっぱり（なんならもう少しちゃんと弱音を吐く感じで訴えてもよかったかもしれません）。

その時ここまで続いてきた伝統芸能の文楽から冷や水をちょっとだけかけられた気がしました。でもそれは心地よく、私の中の小さな火が点いた瞬間でもあります。

そしてこの日から義太夫語りの挑戦が具体的に始まりました。まずはとにかく繰り返し聞いて耳で慣れるしかない。團七師匠の肉声がたくさん詰まったガイド用の曲をまさに耳

をかっぽじって、師匠の息遣いや鼻をすする音まで聞いておりました。しかしなかなか、独特な音階と抑揚がやはり難しい。独特と言ってる時点でそもそも妙なんですけどね。

元来の日本人の持っていたはずのグルーヴ感なんだし。でも自分の耳がそれだけ洋楽かぶれの偏った聴覚になっていたんだと思うとなんだか複雑にもなります。そんなことはさておき、ただただひたすらの自主練の日々でした。

師匠にお稽古をつけてもらった数回は、アメもムチもございませんでした。本職でない俳優の私に、例外的にお稽古をつけていただいていたわけなので、今振り返ってみれば色々とお心遣いをしていただいたのであろうと思います。でもその淡々とした時間がやはりスリリングでございました。精進してるか、怠けてるか師匠はわざわざ親切に言いません。

そんなことは自分の胸に聞けばすぐわかること。そのシンプルなお稽古は本当に濃密で充実しておりました。

師匠は『ちかえもん』のドラマにもしっかり出演しております。「竹澤権右衛門」という三味線方の役名で私の側にいてくれました。その扮装がですね、お似合いすぎるんですね。というか自然体というか。例えばですけど、慣れないＮＨＫドラマの撮影スタジオで慣れないカツラを被ってるんですから、少しくらいソワソワすればいいのに。

こちらはついに人形浄瑠璃『曽根崎心中』の語りのシーンをむかえてるんですが。お隣ではなんとなく楽しそうに調律してるように見えて。その光景が妙にほっこりしてて、私の緊張を解いてくれたような気がします。

この度、師匠のご本が出版されるということで、小生ご指名を受け原稿の依頼をありがたく頂戴いたしました。

そこで久しぶりにＤＶＤの『ちかえもん』の自身の語りを見返しておりましたが。

〝…まだまだ青いな〟と思ってしまいました。なぜそんなに上から目線なのかわかりません。あの当時は「やるだけのことはやった！」と自分なりに合格点をつけたはずなのに。

おそらくそれは、今こうして拙い文章を書いているうちにあの稽古の日々を思い出してしまったからでしょう。あの時、師匠が無言で教えくれた文楽芸能の厳しさのせいだと。

そして厳しさだけでなく、おくゆかしさも。

それを踏まえた上で次回またどこかの義太夫役が私に来ましたら、是非とも師匠にお稽古を又つけていただきたいと思っております。もちろんアメもムチもいりません。いやしかしそうですね、アメだけは自分の袂に入れときます。

そして、米寿　卒寿　国寿　櫛寿……、とまだまだイベント目白押しです！

これからの益々のご活躍とご多幸を心よりお祈り申し上げます。

（俳優）

【團七師匠へ】

峯田悦子

とうとう活字になっちゃいましたね。お師匠さんのお話しの面白さと言ったら、この広い文楽の業界内でも右に出る者はいらっしゃいません！

これまで、NPO文楽座では、8回ほど、お師匠さんの口三味線の会を開催させていただきました。私の大好きなネタは、あ、ネタじゃないですね。実話ですから。伊達太夫さんが旅館の浴衣を尻からげして、出発した汽車に向かって「お～い！　その汽車～、待ってくれ～！」と叫びながら追いかけてきたという話。何度聞いても、本当に面白い。伊達太夫さんが必死の形相で追いかけてる様子が目に浮かびました。

もう一つ大好きな話は、お師匠さんが中学生の頃、押し入れに入って、歌舞伎の真似事をしているときに、お母さんが襖をあけて、何をしてるの？と言われて「とんだところに北村大膳」って返したとか。私が大向うだったら、思わず「高麗屋ぁ～！！」と掛け声をかけたくなるような逸話です。次の口三味線の会でも、ぜひ、このネタをお話しくださいね。

そういえば、3回目のサロン（口三味線の会）のアンケートに「文楽を引退したら落語家でもやっていけますね」と書かれて、「よけいなお世話だ!」と笑っていらっしゃいました。お師匠さんがお話しされてる時の間の取り方だとか、話のもっていき方だとか、相当な修行を積まれてきたのではないかと思うほど、面白く聞かせるようにしゃべる。そんなお姿を拝見しておりますと、お入りになる業界を間違えたのではないかと心配したこともありましたが、普段のお話しからしても、面白いので無用な心配でした。自然体なんですね。お酒はまったく飲めない。というわりには、夜遊びがお好きだと聞いてましたが、だいぶ前に、カラオケスナックにご一緒させていただきました時は、お店にマイボトルならぬマイカップがあって、それでコーヒーを飲みながらお過ごしになる…。ひぇ〜! これか!? お師匠さんの生き方そのものが面白いんですね。

面白いというか、人生を楽しんでるという言い方のほうが合ってますでしょうか。

寄稿文を書くことになって、さて、どうしようかなと考えてましたが、思いつくままに書き始めたら、なんだか、お師匠さんの面白いところばかりを強調してしまいました。本業は文楽の三味線を弾いていらっしゃるんですよ、みなさん!

日本国内で電動の船底を備えている劇場が2カ所あります。一つは、言わずと知れた大阪の国立文楽劇場です。もう一つは、山口県長門市にある「山口県立劇場ルネッサながと」いう劇場です。船底があるということは、文楽専用の舞台機構なわけですから、盆が回る床もあります。

もちろん文楽公演を毎年開催しています。

２０１６年の公演で、『心中重井筒《しんじゅうかさねいづつ》』を復曲上演するという企画があり、お師匠さんが道行きを復曲されました。私、あの曲、とても好きです。事前にお話を伺ったときは、「野壺にはまって死んじゃう結末ってどうなの？　ちっとも、面白くない！」とおっしゃってました。思わず、「え？　野壺!?」と叫んじゃいました。私は、正直なところ「野壺」が何かわからなかったので、しばし野壺談義…いえ、『心中重井筒』の内容についてお話をしていただきました。なんだか匂ってきそうなお話しでした。ところが、本番直前の稽古、本番と聴かせていただきましたが、なんとも艶っぽい曲に仕上がっていました。野壺のイメージ（匂い？）とは、まったく違う印象でした。凄いなぁ、こうなるんだぁ〜、さすが團七師匠!。いつか、ぜひ再演してくださいね。

この後でしたでしょうか。ＮＨＫの『ちかえもん』に俳優としてご出演されたのは。ご出演の経緯は、お師匠さんご自身のお話しにもありますのでここでは省略しますが、撮影の現場に行ってみたらば、なんと、ちょんまげスタイル。人形遣いさんたちは黒衣ですから、ヅラをつけることなく、いつもの感じで撮影に臨んでおられましたが、お師匠さんは、ヅラから衣装までもがドラマの設定通りのいで立ち。まったく違和感なく撮影に入られてまして、軽く衝撃を受けました。きっとお師匠さんのずっとずっと上の師匠、竹澤権右衛門という方は、こんな方だったんだろうと思わせてしまう團七師匠のはまりっぷりに脱帽でした。一見すると、くたびれた庄屋のオヤジ（証拠写真あります）のようにも見えましたが、それは、撮影の待ち時間が長いからお疲れになったころに、私が見学させてもらったからでしょう。カメラが回っているときは、もちろん真剣そのもの。お隣には竹本義太夫役の北村有起哉さんがいらっしゃって、本番では素晴らしい語りを聞かせていただき、これはこれで大変な衝撃を受けました。技芸員の録音でカメラリハーサルでもやってるのかと思ったら、な、な、なんと、ほんとにライブで義太夫節を演奏されてたんですよね。「カット！」の掛け声のあと、見学してた我々も、またスタッフからも拍手が沸き起こりました。お師匠さんの教え方が上手かったんでしょうね。本当にあの時は感動しました。

後日、この『ちかえもん』はDVD化され発売されました。NPO文楽座では、このDVD発売を記念して「竹澤権右衛門メモリアル写真集」を作らせていただきました。NPO文楽座で賛助会員様むけに特別予約販売をいたしましたので、そこでDVDをお買い上げの方に差し上げたものです。非売品で、確か50部ほど印刷しただけでしたので、持ってる方はかなりのお宝ですよ。この写真集に、例の証拠写真を使わせていただきました（笑）。

そして、NPO文楽座、正式名称は特定非営利活動法人人形浄瑠璃文楽座ですが、團七師匠には、こちらの理事長をお勤めいただいてます。

お師匠さんは、「長がつくの（役職）は嫌だ」とおっしゃって、自らを「リンジチョウ（臨時長）

だ」と、これまたウィットに富んだご発言で楽しませてくれました。そのお役目も、平成とともに終わりを迎えようとしています。

2012年に設立10周年を迎えたのを機に、初代理事長の鳥越文蔵先生から、團七師匠が理事長を引き継ぐことになりました。すでに活動は軌道に乗ってましたので、いかに継続していくかということが課題でしたが、幸い、アーツサポート関西からの助成金で「ワンコイン文楽」という企画も始まり、大阪市の事業も受託することもありましたので、順調に活動継続していけるかと思っていましたが…。

昨年の社員総会の開催に際し、事前の理事会にて総会へ向けての打合せをしました。前年度の決算書と今年度の事業予定などをもとに予算計画書を作成してみたのですが、事業が少なすぎるので、予算計画書上、どうにもならない。マイナスの予算計画書を作成するのはどうなんだろうか。事業を増やすにはどうしたらよいのだろうか。いろいろと理事会で意見もありましたが、妙案浮かばず。そのままを総会で報告しました。その後、理事会、臨時総会を経て、文楽座としての役割はもう十分に果たせたのではないか、別の形での普及を考える時期にきたのではないか、ということで、2018年度末で活動停止という結論に至りました（2019年3月末）。

團七師匠には、会報『文楽通信』の巻頭言を書いていただきまして、拝読する限りでは、ちょっぴり残念に思っていただいてるのかなぁと感じてます。私も、法人が継続できないのは非常にもったいないと思いますが、別の形での普及を今後も模索していきたいと考えていますので、もちろん、お師匠さんの口三味線の会も続けていきたいと思いますので、どうぞよろしくお願い申し上げます。

巻頭言をお読みになってない方、またはお忘れになってる方がいらっしゃいましたらと思いますので、以下、全文掲載いたします。

『十六年もひと昔。あゝ夢であったな…』

ＮＰＯ法人人形浄瑠璃文楽座は、本年で十六年目を迎えました。なんだか、あっという間の一年でした。

というのも、今年の原稿を書けと事務局から言われて、昨年の文楽通信に目を通してみたら、東京で台風のさなかに書いたようでした。さて今年は何を書こうかとふとテレビを見ながら、「今年は日本列島いたるところで地震や台風、大雨といった自然が猛威をふるい、甚大な被害が発生し、ニュースを見るたびに悲しい思いをしました」と書こうかと考えていたので、台風に縁があるのでしょうか。

そのさなか、我々も台風のような激しい嵐に吹きさらされているという現状を知ることとなりました。

この十六年間、賛助会員の皆様のご協力のおかげで色々な行事を行ってきました。その都度、舞台と客席とでは味わえない交流の楽しさと、文楽を応援してくださる皆様のありがたさを感じてきました。私個人も東京と大阪で五、六回ほど口三味線の会があり、皆様方にはお付き合いをいただきましたことを大変感謝いたしております。

NPO法人人形浄瑠璃文楽座は、残念ながら二〇一九年三月をもって、十六年間の活動に幕を閉じることになりますが、『台風一過』という言葉もありますように、この後は晴れ晴れとしたかたちで、新たな舞台に立てればと思っております。

「十六年もひと昔。あゝ夢であったな…」

これは、皆様よくご存じの『一谷嫩軍記』熊谷陣屋の段での熊谷直実のセリフです。

しかし、文楽座は夢ではありません。現実として、これからも技芸の向上と共に、お客様との交流の場ももっともっと発展させていかなければなりません。

どうぞこれまで以上に人形浄瑠璃文楽を応援してくださいますようお願い申し上げます。

熊谷公演から帰った日に。

皆さん、どうです？　あえて説明しますが、熊谷公演と熊谷陣屋とが掛詞なんですよ〜！

もうホントに、最後の最後まで粋な締めくくりのお言葉をいただきまして、臨時長（理事長）としての責務を全うしていただいたことに厚く御礼申し上げます。

最後になりましたが、無謀にも、お師匠さんのおしゃべりを一冊にまとめてくださいました荒木さん、原稿チェックに悲鳴をあげていたお師匠さんの奥様、大変お疲れさまでした。そしてありがとうございました。口三味線の会を企画させていただいた私としても、このような形でたくさんの方々に團七師匠のおしゃべりを知っていただけることに感謝の気持ちを込めて、ご挨拶とさせていただきます。


（特定非営利活動法人人形浄瑠璃文楽座　事務局長）

【あとがき】

竹澤團七

これまで三味線弾きとして無事に舞台を勤めて来られ、今年、7回めの年男を迎えることになりました。ありがたいことです。

いままで長期間、舞台を休んだことがないし、入院したこともありません。腕の手術で一晩お世話になったことぐらい。個人のお医者さんにはちょこちょこお世話になってますが入院したことがないんです。

この健康がいつまで続くかわからないけれど、健康で三味線が弾け、舞台へ出られる間は長生きしたいと思います。

もう舞台へ出られず、三味線も弾けなくなったら、生きていてもしょうがないんだろうけど、人間は誰しも命は惜しい。私も84歳になっても命は惜しい。なぜ命が惜しいかと言うと、三味線を引いていいたいから。

これが何年続けられるかわからないし、完璧に手も衰えてきます。頭も覚えが悪くなる。だけど、文楽の三味線弾きで、のちに年取ってから痴呆症になった人というのは聞いたことがないんです。若い時からずっと手と頭を使っています。全部暗譜するから、かなり使っていると思います。頭と手を使っている仕事で、ボケないだろうな(笑)、という安心感をもって続けていきたい。

手は確かに衰えていきます。その結果、年取ると軽い役に逃げたくなるのです。でも私はまだまだ軽い方へと言う気持ちはないんです。まだまだ重いところへ挑戦したい。だけど文楽というのは自分の希望で役はもらえない。国立劇場の制作課が決めているんです。

2019年5月の国立劇場で「金殿の段」を演るんですよ。そう言う風に、まだまだ『一谷嫩軍記』の「熊谷陣屋の段」でも、『絵本太功記』の「十段目」でも、大きな役に挑戦してやりたいという気持ちでいますから。

でも、手が弱ってきたらなんか味を出したい。どんな芸能でも年取ってきたら味を出したい。そういうことを続けていきたいと思っていますから、これは若い人にも年取った人にも出来たらそういうふうになってもらいたい。そういう、道筋を作りたいです。生意気なようですけどね。

ご承知の通り、私は平和を願う活動もしています。これはね、文楽の存続、将来を考えたら、それを願う気持ちとおんなじなんです。

孫の代まで、またその孫の代までも、戦争なんて起こっちゃいけない。文楽の存続を願う気持ちと変わらない。

◇

昨年のこと、ある人が私の舞台を聴いて、

「すごく元気だ」と言ってくれた。

私は「そんなことはない。80過ぎた爺さんだもの」

「いや、演奏が元気だと云ってるんだ」と。

その言葉にひじょうに元気づけられました。あと何年出来るかわからないけど、もう少し楽しませてもらおうと。

お客さまに楽しんでもらえたら、私の人生最後の楽しみを味あわせてもらえるかなと思っている竹澤團七です。

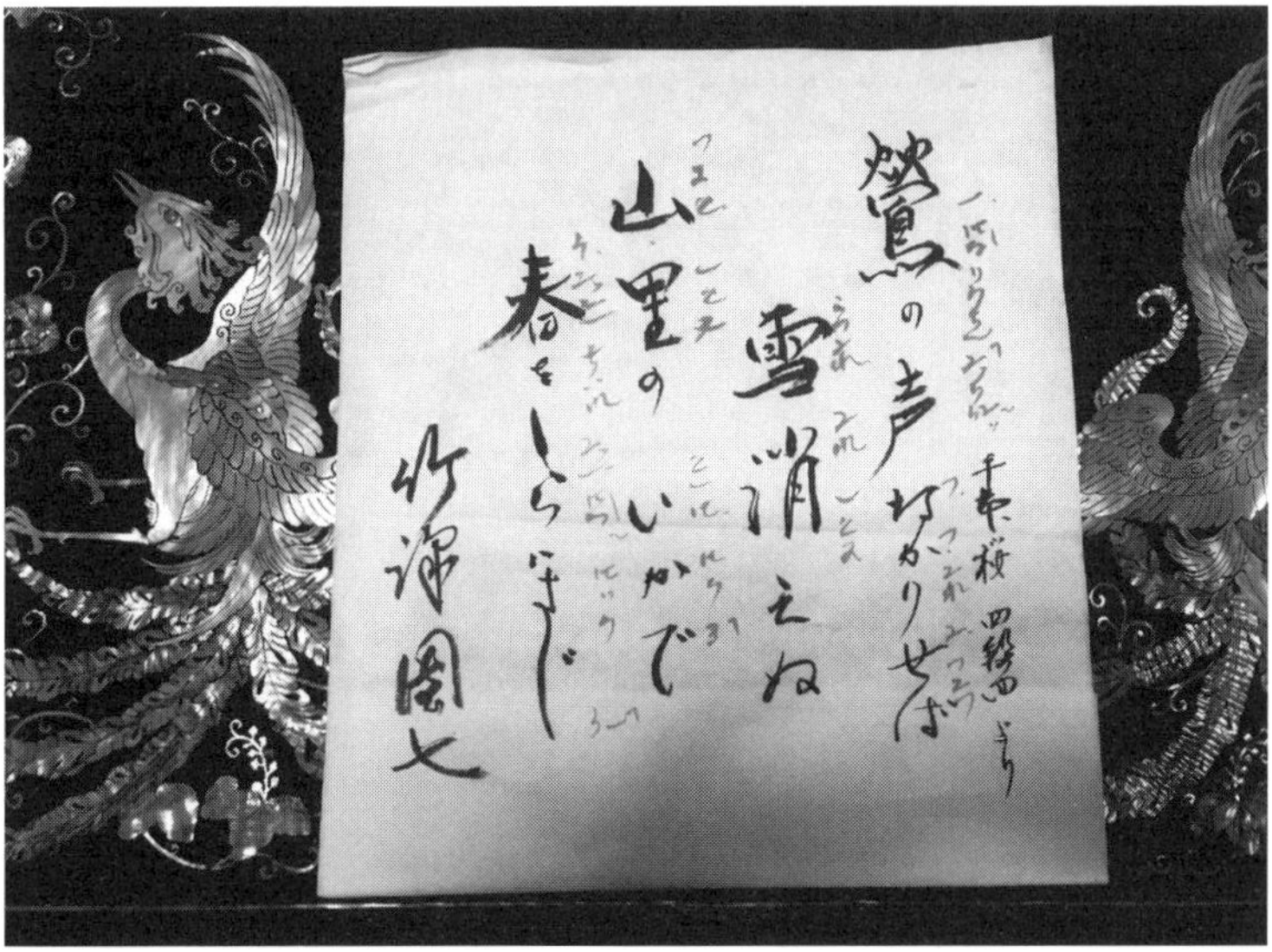

求められると書く色紙の言葉は「義経千本桜」（四の切）より、
「鶯の声なかりせば　雪消えぬ　山里のいかで　春をしらまじ」。
三味線譜を朱で添えてある。

◆資料・参考文献

『アジアの人形芸』諏訪春雄編（遊学叢書・勉誠出版）
『岩波講座・歌舞伎・文楽　第9巻　黄金時代の浄瑠璃とその後』編集責任鳥越文蔵他（岩波書店）
『岩波講座・歌舞伎・文楽　第10巻　今日の文楽』編集責任鳥越文蔵他（岩波書店）
『うたかた七代目鶴澤寛治が見た文楽』中野順哉（関西学院大学出版会）
『大阪の芸能』毎日放送文化双書11（毎日放送）
『大阪市の歴史』大阪市史編纂所編（創元社）
『歌舞伎と人形浄瑠璃』田口章子（吉川弘文館）
『韓国の伝統芸能と東アジア』徐淵昊著／中村克哉訳（論創社）
『恋する文楽』広谷鏡子（洋泉社）
『浄瑠璃素人講釈』（上）・（下）杉山其日庵著・内山美樹子・桜井弘編（岩波書店）
『昭和の名人豊竹山城少掾　魂をゆさぶる浄瑠璃』渡辺保（新潮社）
『日本音楽文化史』吉川英史編（創元社）
『人形浄瑠璃の歴史』廣瀬久也（戎光祥出版）
『人形浄瑠璃文楽　外題づくし』監修・鳥越文蔵／企画・編集・人形浄瑠璃文楽座（工作舎）
『人形浄瑠璃の歴史』廣瀬久也（戎光祥出版）
『文楽ざんまい』亀岡典子（淡交社）
『文楽　そのエンチクロペディ』水落潔（新潮社）
『文楽通信　設立10周年記念号（第15号）』NPO法人　人形浄瑠璃文楽座
『文楽の家』竹本源太夫・鶴澤藤蔵（雄山閣）
『文楽の研究』三宅周太郎著（岩波文庫）
『文楽の歴史』倉田喜弘（岩波現代文庫）
『文楽ハンドブック（第3版）』藤田洋編（三省堂）
『まるごと三味線の本』田中悠美子／野川美穂子／配川美加編著（青弓社）
『山川静夫の文楽思い出ばなし』山川静夫（岩波書店）

◆竹澤團七年譜（本名：菊澤和夫）

1935（昭和10）年12月8日、名古屋市内に生まれる。

1942（昭和17）年4月　国民学校入学。

1944（昭和19）年　愛知県愛知郡天白村に疎開。

1946（昭和21）年　愛知師範学校付属小学校に転校。

1951（昭和26）年　父親が逝去。定時制高校に変わる。

1953（昭和28）年8月　十代目竹澤彌七に入門。四代目竹澤團二郎を名乗る。

1954（昭和29）年1月　四ツ橋文楽座にて『寿式三番叟』『壺阪観音霊験記』のツレ弾きにて初舞台。

1956（昭和31）年　道頓堀文楽座開場。

1966（昭和41）年　東京国立劇場開場。

1972（昭和47）年　十代目竹澤彌七が人間国宝に認定。

1976（昭和51）年10月24日、竹澤彌七逝去。

1981（昭和56）年4月　四代目竹本津太夫の相三味線となり、竹澤團七と改名。

「義士銘々伝・弥作鎌腹の段」で披露。

（昭和62年9月津太夫の逝去まで相三味線をつとめる）

2003（平成12）年　文楽がユネスコにより「人類の口承及び無形遺産傑作」として宣言される。

＊クリスチャン。ミドルネームは「ユスト」。高山右近と同じである。

【受賞歴】

１９７１（昭和46）年11月　国立劇場奨励賞
１９７３（昭和48）年１月　昭和47年度文楽協会賞
１９７３（昭和48）年５月　昭和47年度因協会奨励賞
１９７５（昭和50）年１月　昭和49年度文楽協会賞
１９７６（昭和51）年６月　昭和50年度因協会奨励賞
１９７８（昭和53）年２月　国立劇場奨励賞
１９７９（昭和54）年６月　昭和53年度因協会奨励賞
１９８０（昭和55）年12月　国立劇場優秀賞
１８８３（昭和63）年９月　昭和62年度因協会賞
２００３（平成15）年５月　大阪府知事表彰
２０１０（平成22）年12月　平成22年度文化庁長官表彰

聞書／荒木雪破《あらきせっぱ》（本名：荒木基次）
１９４９年、大阪府生まれ。京都教育大学特修美術科構成専攻卒。
１９８９年、有限会社グッズ設立、代表取締役。
編集・企画・デザインを主体に制作活動。

文楽芸談 三味線 竹澤團七 橋寿《はしじゅ》のつぶやき

2019年8月8日 初版第一刷発行
2019年11月5日 初版第二刷発行

著者……竹澤團七
聞書……荒木雪破
発行者……稲川博久
発行所……東方出版株式会社
〒543-0062
大阪市天王寺区逢阪2・3・2
TEL：06・6779・9571
FAX：06・6779・9573
www.tohoshuppan.co.jp
印刷所……モリモト印刷株式会社

ISBN978-4-86249-368-2